ブッダとは誰か

吹田隆道
Takamichi Fukita

春秋社

ブッダとは誰か　●　目次

序説

第一章　釈迦牟尼の時代

第二章　釈迦牟尼の誕生

第七章　伝道のはじまり

第八章　二人して一つの道を行くなかれ

第十章　その後の伝説

第十一章　完全なる涅槃

第十二章　涅槃後のブッダ

凡例

・本書で用いるパーリ語やサンスクリット語の語彙は、カタカナで表記し、必要に応じて漢訳を付した。

・パーリ語とサンスクリット語の両方を示す場合には、パーリ語／サンスクリット語の順で示した。

・仏教関連の固有名詞に関しては、基本的にパーリ語を用いたが、サンスクリット語の読みの方がよく知られている場合にはそちらを使った。読みやすさを考えて再出からは漢訳語を使った場合も多い。

・翻訳にあたっては〔 〕内に原文にはない訳文の補足、（ ）内に説明を示し、理解の便を計った。

釈迦牟尼の足跡地図

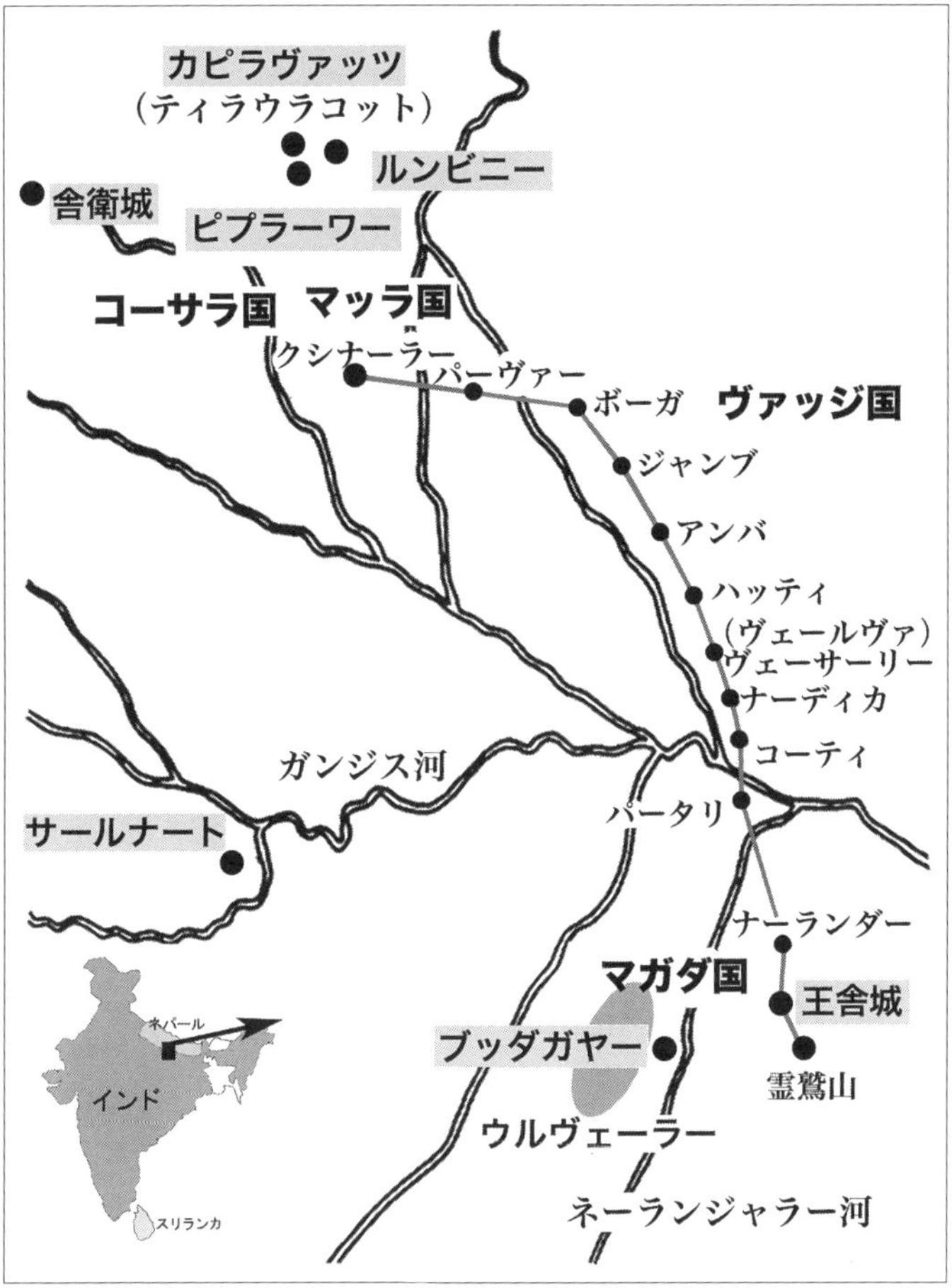

カピラヴァッツ
（ティラウラコット）
ルンビニー
舎衛城
ピプラーワー
コーサラ国
マッラ国
クシナーラー
パーヴァー
ボーガ
ヴァッジ国
ジャンブ
アンバ
ハッティ
（ヴェールヴァ）
ヴェーサーリー
ナーディカ
コーティ
ガンジス河
サールナート
パータリ
ナーランダー
マガダ国
王舎城
ブッダガヤー
霊鷲山
ウルヴェーラー
ネーランジャラー河
ネパール
インド
スリランカ

ブッダとは誰か

序説

ブッダの研究

ブッダとは誰か

　およそ二千五百年前、インドに一人の実践哲学者が現れました。人々は彼を「ブッダ」（仏陀《ぶっだ》、仏《ぶつ》）と呼び、彼の教えは「ブッダの教え」（仏教）となって、後に極東アジアにまで広がりました。ところが、仏教で「ブッダ」と呼ばれるのは、この歴史上の一人の人物だけではありません。彼よりも以前に複数のブッダがいたと伝説され、未来には弥勒《みろく》仏をはじめとする千人のブッダが現れると考えます。また現在でも、私たちの住むこの地をはなれた東・西・南・北・四維《しい》（北西・南西・北東・南東）・上・下の十方の世界には、奈良の大仏で有名な毘盧舎那《びるしゃな》仏や、お薬師さんと親しまれている薬師仏、あるいは極楽浄土の阿弥陀仏など、十方諸仏と呼ばれるさまざまなブッダがいるといわれます。

なぜ仏教にはこのように多くのブッダがいるのでしょうか。私たちが普段「ブッダ」と呼んでいるのはいったい誰なのでしょうか。

「ブッダ」という語は「覚《さと》る」という意味の動詞の過去分詞で、「覚った」という意味をもっています。日本語としては「悟った」よりも「覚った」と表す方がより正しいニュアンスを伝えると思います。なぜなら、ブッダという語は「〔朝〕目が覚めた」という意味でも、「ものごとを理解してわかった」という場合でも、さらには哲学的に「真理を覚った」というときにも、幅広く使われる普通の言葉だからです。そしてこの語は、「覚った人」を表す名詞としても使われます。実は、この〝覚った人〟というのが「ブッダ」という語のもともとの意味なのです。

ここで大切なことは、この語が「覚った人」という意味の一般名詞であるということです。実際、インドの他の哲学諸派でもブッダと呼ばれた人がいたようですし、また、最初期の仏教では著名な仏弟子たちもブッダと呼ばれていたという研究もあります。もちろん仏教の場合は、まず、教主である歴史的人物を第一に「ブッダ」と呼んだわけですが、しかしその呼称は本来特定の人物を指す固有名詞ではありませんでした。

このことは、私たちが仏教を理解する上で大変重要な意味をもっています。なぜなら、

「ブッダ」という呼称のこうした性格をふまえて、仏教は、開祖だけでなく、理想の人物像を多くのブッダとして考え出すことができたからです。もちろん、そのモデルとなったのは開祖であるブッダその人でした。

ゴータマ・ブッダと釈迦牟尼

では、「ブッダ」という語が特定の人物を表さないとすると、仏教の開祖である史的人物は何と呼ばれていたのでしょうか。初期の経典では一般の人々や異教徒が彼を「ゴータマ」と呼びかけている用例をたくさん見出せます。この「ゴータマ」というのは、「ゴートラ名」*といわれますが、私たちが普段使っている〝名字〟に近いものと理解すればよいでしょう。

＊ゴートラ名
伝説的な始祖をもつ同一の血族の名称で、もともとインドの司祭階級、ブラーフマナ（婆羅《ばら》門《もん》）の家系を表す名称として使われていた。一般に、父系一族の祖先と考えられているリシ（聖仙）たちの名で、ゴータマはアンギラスという神話上の聖仙を祖先とする一族を表す名称である。紀元前十世紀頃成立したと考えられている『アタルヴァ・ヴェーダ』という、もともと火を司る祭官の呪文の集成があり、その呪詛《じゅそ》調伏《じょうぶく》を担当していたのがアンギラス祭官である。王族であ

った開祖ブッダが、なぜこのような婆羅門の伝統的な家系を名乗っていたのか、疑問がないわけではないが、時間を経て、本来の家系の厳密さが薄れていったものと考えられる。

仏教研究がはじまった頃、ヨーロッパの学者たちはこの名字ともいえる「ゴータマ」を使って「ゴータマ・ブッダ」と呼び、歴史的人物であるブッダを表現しました。わが国でも著名な仏教学者がこの名称を使って研究書を著したことから、研究者が私情をはさまないで仏教の開祖を呼ぶ場合に最も多く使われています。ところが文献学の立場から厳密にいうと、この「ゴータマ・ブッダ」という名称が歴史的に使用された例はあまりにも少なく、実際に使われていた名称とは考えられません。それゆえ、この呼び方は、あくまでも近代仏教学が史的人物を表すために使いはじめた名称であることを知った上で使用されるべきものだと思います。

では史的人物としてのブッダをどのように呼べばよいのでしょうか。私たちは仏教の開祖を「お釈迦《しゃか》さま」と親しく呼び慣わしてきました。釈迦（サキャ／シャーキャ）というのは現在のネパール、タラーイ平原に住んでいた部族の名前です。開祖ブッダが釈迦族の出身であることは、パーリ語で残る最初期の文献にも伝えられており、そこには太陽神を祖先とするオッカーカ／イクシュヴァーク王*の子孫であると伝承されています。

＊イクシュヴァーク

紀元前十二世紀にさかのぼることのできるヴェーダ文献にも現れる王家の名で、釈迦族はその子孫にあたるとしている。伝説によると、昔、イクシュヴァーク王は側室との間に生まれた子供に王位を継がせるために、年長の四人の王子を追放したが、後に彼らがヒマラヤ山麓の湖畔、サーカ樹の森に定住し血族を守って生活していることを知り、彼らを「能力がある」（サンスクリット語で「シャーキャ」）と讃えた。このことからシャーキャ族と呼ばれるようになったといわれる。仏教外の文献に目を向けると、ヒンドゥー教の聖典に、ブッダ在世当時ガンジス河上流域を支配していたコーサラ国の王が同じくイクシュヴァーク王の子孫であるという系譜が伝わっている。仏教内の伝承でも釈迦族はコーサラ国王に従属していたと伝えられるので、前述の伝説のように本家と分家として同じ系譜を語り、同盟関係を保っていた部族と考えられる。

カピラヴァッツの都から世間の指導者が出た。オッカーカ王の子孫、サキャ族の子で、光を放つもの（太陽）である。（スッタニパータ　九九一）

こうした伝承から、史的人物としてのブッダはサキャムニ／シャーキャムニ（釈迦牟尼《しゃかむに》）と呼ばれるようになりました。「ムニ」（牟尼）というのはパーリ語やサンスクリット語で「聖者」を意味する語句ですから、もともとは「釈迦族の聖者」を表すものですが、仏教の開祖を呼ぶ場合の固有名詞となりました。例えば仏滅後百十六年、あるいは二百十八年に即位したとされるアショーカ王は、仏教の聖地巡礼の法勅《ほうちょく》にこの名前を残しています。もちろん私たちが「お釈迦さま」と呼ぶ場合には、この「釈迦牟尼」を親しみと尊敬の意をこめて略称しているわけです。

そこで本書でも仏教の開祖であるブッダを特別な場合を除いて「釈迦牟尼」と呼ぼうと思います。もちろん「ゴータマ」、あるいは「ゴータマ・ブッダ」でもよいのですが、後に述べるように、ブッダの生涯の伝承をさかのぼって行き着ける先を考えると、むしろ「釈迦牟尼」と呼ぶ方が学問的にもふさわしいと思います。

ヨーロッパから来た仏教研究

釈迦牟尼が歴史上実在した人物であることは考古学からも実証されています。ただし、誕生の地、涅槃《ねはん》の地、遺骨が納められた地などの発掘から、わずかなことが〝点〟としてわかる程度にすぎません。それゆえ生涯を描き出すためには、後につくられた伝説などを手がかりに史実だと思われることを導き出し、それらの点を線に結んでいく方法がとられます。小説の世界では歴史小説というジャンルがあり、史実としてわかっている出来事を作家の想像力で自由に肉付けして物語がつくられますが、学問としては自由奔放な想像で語るわけにはいきません。

以前、ある考古学愛好家が自分で石器を埋め、いかにもそこに遺跡があったかのような嘘をつき、後にそれが見破られて大問題になった事件がありました。これは考古学での捏造事件ですから、石斧《せきふ》など形のあるものを埋めていたために、その嘘を見破ることができました。ところが宗教や哲学という学問では無形のものを扱うために、ありもしないことがもっともらしく語られてしまうことがあります。あの考古学愛好家と同じように真実をねじ曲げていても、いかにも哲学的な構築をしたような気分に浸って、自分自身もその間違いに気づかなくなるのです。

そのような間違いを起こさないために、近代仏教学が主として用いる研究方法を「文献学」といいます。私たちはつねづね学問を歴史学、哲学、文化学というように末端のジャンルに分けてとらえていますが、研究者の立場からすると同じ研究方法の学問が目的に応じて細分化されているにすぎません。これらの分野は「人文科学」という大きな枠組みの中にあり、その基本的な研究方法の一つが「文献学」と呼ばれるものです。原典の収集と解読、そしてその解釈にもとづいて哲学や思想などの文化や歴史を研究した西洋のギリシア・ラテン研究が本来の姿です。その後、西洋の世界進出とともに同じ研究方法が他の民族文化の研究にも使われ、エジプトを研究するエジプト学、インドを研究するインド学、中国を研究する中国学というように、文献学という研究方法を基礎としたそれぞれの文化研究の分野が出来上がりました。

例えばエジプト学というと、私たちはまず考古学を思い浮かべます。考古学は発見された遺物、すなわち壺やミイラや装飾品などの出土品によって研究を進める分野です。しかし実際にはそれだけで研究がなされているのではありません。文献学によって文字を解読し、歴史的な出来事を明らかにし、互いの成果を参照しあって、宗教などの歴史、文化を解明しているのです。

アジアに多大な影響を与えた仏教の研究も例外ではありません。この文献学という学問方法がインド、チベット、中国、あるいは極東アジアなどの研究に使われるようになって、当然それぞれの文化に大きな影響を与えた仏教にも学問的関心が向けられました。そして仏教の思想や歴史の解明のために、文献学は人文科学としての〝客観的〟な証拠を与える研究の基礎を担うものとなりました。

わが国では長きにわたって漢訳仏典を学び、その伝承を〝護教的《ごきょう》〟に受け入れてきました。それは信仰による「あるべき姿」が先にあってなされる学問でした。ところが十九世紀の中頃にヨーロッパで起こった、文献学を基礎とした人文科学としての仏教研究は、インドや中央アジアに残るサンスクリット語原典やスリランカなどに伝承されたパーリ語原典を解明し、仏教の思想、歴史、文化を研究する、それまでの日本にはない〝客観的〟な研究方法だったのです。明治時代にはわが国からもヨーロッパに留学生が送られて、その研究方法が持ち帰られ、サンスクリット語原典やパーリ語原典による仏教研究がはじまりました。そして日本の近代仏教学は伝統的に培った知識と相まって劇的な進歩をとげることになったのです。

サンスクリット語とパーリ語

このように仏教研究、特にインドの文献学では、原典を伝承しているサンスクリット語とパーリ語からどうしても逃れることはできません。そこで、インドの古典語の中でも仏教研究の主役となるこれら二つの言語について簡単にふれておきましょう。

まず、サンスクリット語ですが、「サンスクリット」というのは、「つくり上げられた〔言語〕」という意味で、紀元前五世紀頃、パーニニという文法家によって規定された古典インド語をいいます。それは、私たち日本人がアナウンサーのためにつくられたルールにもとづいている言葉づかいを「標準語」と呼んでいるのに似ています。いわゆる関東弁を基につくられているのですが、人々が普段使う日常語ではありません。インドでは当時の知識人たちがこぞってこの標準語としてのサンスクリット語を用い、哲学、文学、その他さまざまな学術を語りました。一方、一般の人々の間ではそれぞれの地方の方言が日常語として使われていました。それらの方言を総称して「自然にできた〔言語〕」という意味でプラークリット語と呼んでいます。

仏教はもともと民衆に伝道するためにそれぞれの地方の方言、プラークリット語を使っていましたが、その中で現在のスリランカに伝わって、仏教聖典の言語として展開、定着したものを「パーリ語」と呼びます。「パーリ」とは言語学的な名称ではなく、「聖典」を意味する言葉であり、スリランカを経て、ミャンマーやタイなどの東南アジア諸国に伝わった、いわゆる〝南伝《なんでん》仏教〟の聖典言語を意味しています。南伝仏教は現在も生きつづけているわけですから、パーリ語は長い歴史を持ちます。そしてその中には、紀元前三世紀以前にさかのぼれるような古い段階の文法的特徴も残っています。つまり、初期の仏教を解明するには不可欠な文献がパーリ語で伝承されていることになり、仏教研究には欠かせない重要な言語なのです。

一方インドでは、さまざまな方言で語られていたものが、時代とともにサンスクリット語に書き改められて伝承されていきました。方言と混合して本来のサンスクリット語とは幾分違うものになりましたが、それらを総称して「仏教サンスクリット語」と呼びます。これが西北インドからシルクロードを経て中国へ、あるいはネパール、チベットへ伝わった、いわゆる〝北伝《ほくでん》仏教〟が伝える文献のもとになった言語の主流です。近年では、ガンダーラ地方の方言で書かれた文献が中国への仏教伝播に深くかかわったとする研究が進んでいますが、文献の量からしてもサンスクリット語が研究のための主要な言語であることに変わりはありません。

その他に北伝仏教の資料として、いわゆる漢訳仏典やチベット語仏典があります。翻訳文献ですから、インドの仏教を考える場合には二次資料となるわけですが、一次資料のサンスクリット語文献よりははるかに多くの量が現存します。そして、現存のサンスクリット文献よりも古い伝承を残している場合もあり、また翻訳された年代が明らかな場合が多く、それぞれの文献の下限年代を設定できるという長所もあります。それゆえ決して無視できない存在です。

伝言ゲーム

仏教文献学ではこのようにさまざまな言語で伝承された文献を比較検討し、それぞれの事象を歴史的に位置づけていきます。伝承というものを理解するためには、「伝言ゲーム」を想像するとよいでしょう。最終的に伝わったものは、はじめに出題された文章と決して同じではありません。ゲームとしてはその違いを楽しむわけですが、その最後の結果や途中で変化した状態のものが、今私たちが手にしている仏教文献だと考えればよいのです。それらを分析し、もとをたどって、はじめの状態やその発展の仕方を知ろうとしているわけです。

もちろん実際の文献研究はゲームのように単純ではなく、はたして一つのチームと呼べるような系列自体があったのか、もしあったとすればいくつの系列なのか、どの文献がどの系列の伝承なのか、系列を離れた横のつながりはないのかなど、複雑に入り組んでいます。また新たな途中経過を示す文献も発見されます。近代仏教学はそれらを見事に分析して、百年以上もかかって仏教の歴史や思想の発展を解明してきました。釈迦牟尼の生涯の研究に関してももちろん例外ではありません。

釈迦牟尼研究への疑問

現在、このような文献研究をふまえて歴史的人物としての釈迦牟尼を描いた研究書は数多くあります。また伝統的解釈として伝説上のブッダを紹介した書物もたくさんあります。ところが総じて、それらから得られるブッダの情報が上手くつながっていません。そのために学者の紹介する釈迦牟尼像が伝説とは全くの別物であると安易に判断されたり、あるいは混同されたりして、そこから起こる間違った仏教の解釈も跡を絶ちません。ブッダという概念は仏教の根幹をなし、仏教を理解するために極めて重要な問題であるにもかかわらず、それが正しく理解されていないのです。

以前、「後の資料から推測せざるを得ないような初期仏教の研究は、結局想像の域を出ないのではないか」という過激な意見を述べたアメリカの仏教学者がいました。文献学が時とともにより厳密になってきたことをふまえると、当然ともいえる意見の一つですが、私自身は決して現在の初期仏教研究がそれほど愚かなものだとは思っていません。特に初期仏教の思想研究については、釈迦牟尼が、釈迦牟尼が人々に説いた教えが前提となっていますから、伝承を精査してさかのぼっていくと、理論上はそれなりにオリジナルの教えにたどり着ける可能性があります。その思想研究の領域では、伝言ゲームに例えるなら、少なくともゲームをはじめるために配られた釈迦牟尼からの伝言があり、それにたどり着くことができるはずです。学問にたずさわる者として、その可能性を捨てるわけにはいきません。

ところが、歴史上のブッダ、釈迦牟尼の生涯のこととなると同じようにはいきません。釈迦牟尼自身が自叙伝を語ったわけではなく、その伝言ゲームには別のスタート地点があると考えなければなりません。それゆえ、現在までの研究によって歴史上の人物として、あるいはそれに近いものとして描かれている釈迦牟尼の生涯が、はたして本当なのかと問われると、そこに疑問がないとは言い切れないのです。

確かにこれまでの研究は釈迦牟尼の史的人物像に近づくために、さまざまな伝承を解明してきました。それ自体に問題はないのですが、そこで得た結果を無批判に史的人物にすり替えてしまうことに違和感を感じます。極端にいうと、伝統的に伝わる聖者としてのブッダの生涯の枠組みを残したまま、恣意《しい》的に神格的な部分を差し引き、人間らしくした人物像をつくり上げているのです。多くの著名な研究が、そのような方法で得た結果を「史的人物に近いもの」としてきたわけですから、そこで描かれた人物像が史的人物に直結するような気分になっても当然です。私の立場で大きなことはいえませんが、それは、ありもしない石器を埋めて遺跡の存在を想像させてしまうのと同じです。

そこで、本書では、現在まで近代仏教学が史的人物、あるいはそれに近いものとして導き出した釈迦牟尼像を今一度見直して、その伝承のもつ特殊性を問いながら再考してみようと思います。それによって仏教が伝えようとしたブッダ、すなわち「ブッダとは誰か」が、もう少し見えてくると思います。

第一章　釈迦牟尼の時代

釈迦牟尼は実在の人物か

ブッダ研究のはじまり

前述のように、釈迦牟尼《しやかむに》が生まれた釈迦族は自分たちをイクシュヴァーク王の子孫、すなわち「太陽神の末裔」とする気高い部族であったと伝承されています。そしてこの太陽神にまつわる伝承が、ヨーロッパで人文科学の一つとして仏教研究がはじまるやいなや、大きな波紋を投げかけました。

近代仏教学のはじまりとともにネパールに残されていたサンスクリット仏典のうち、釈迦牟尼の生涯の伝説をつづった『マハーヴァスツ』の原典研究を行ったフランスの学者セナールは、一八七三年から一八七五年にかけて『アジア学会誌』に「ブッダの伝説に関する論考」という論文を発表しました。彼はブッダを〝太陽の英雄〟ととらえ、その伝説に表れる神話的な要素は、それよりも以前から存在しているインド文化独自の宇宙神話によって構成されていると考えました。釈迦牟尼の伝説に対して、私たちが考える英雄伝説のように一定の史実があり、それが修飾されて神話化したというのではなく、はじめから宇宙神話にあてはめて伝説がつくられたと考えたのです。それゆえセナールは、神話化されたものを消去していけば釈迦牟尼に関する歴史的事実に行き着けるという研究方法に疑問を投げかけました。

もっともセナール自身は釈迦牟尼の実在性を問うたわけではありません。しかしながら〝先にインドの宇宙神話ありき〟としたこの論考が一人歩きをはじめたことは否めません。セナールがこのような考えを述べてから十年たらず、一八八二年から一八八四年にはオランダの学者ケルンが学界初となる『インド仏教史』を出版します。その中で彼は釈迦牟尼が歴史的に実在したことをすべて否定してしまい、宗教上の架空の人物としてしまったのです。今となっては笑い話のような出来事ですが、未知の文化を研究する当時の西洋人学者たちの色眼鏡を通さない探求心の表れであったことも、それはそれとして認めざるを得ないと思います。そしてこれらの論考が、反論も含めて、さらに研究を進めたことも事実です。

パーリ仏典の発見

時を同じくして現在のスリランカ、当時のセイロンを植民地としていたイギリスは、そこに南伝上座部《なんでんじょうざぶ》という部派が守ってきた＊三蔵《さんぞう》がすべて保存されていることを知ります。

＊三蔵
「経蔵《きょうぞう》」＝ブッダの教え、すなわち「経」を集めた集成（蔵）。六〇頁参照。
「律蔵《りつぞう》」＝教団の規律、すなわち「律」を集めた集成（蔵）。
「論蔵《ろんぞう》」＝重要な教理項目を解釈、解説した「論」を集めた集成（蔵）。

この南伝上座部の三蔵のすべてがパーリ語で残されていたのです。あまりに膨大な研究資料がまとまって出てきたわけですから、多くの学者にそれぞれの校訂研究を委ね、一八八一年にはロンドンに「パーリ文献協会」が設立され、出版にそなえました。

ドイツのオルデンベルグは律蔵の研究を担当しました。律蔵は教団の規則をまとめたものですが、その中には、教団が成立する由来を語る因縁譚として、釈迦牟尼が覚《さと》りを開いた後から教団が出来上がるまでの物語も伝えられていました。それらも含めて研究したオルデンベルグは、パーリ語で著された釈迦牟尼の伝説は素朴に実在の人物伝を物語っていると結論づけました。そしてパーリ文献協会の創立と同じ年、一八八一年に名著『ブッダ—その生涯、教え、教団』を出版します。

十九世紀末、このケルンとオルデンベルグの相反する二つの論考は、仏教の根幹に関する問題だけに、人文科学として研究がはじまったばかりの仏教学界に議論をまき起こしました。この議論は釈迦牟尼の実在を問うだけでなく、サンスクリット文献の研究者と、パーリ語仏典を研究する学者の間での資料的価値をめぐる論争でもあったのです。

遺骨の発見

この論争に一応の終止符を打ったのは考古学の成果でした。一八九八年にイギリス人のペッペがネパール国境より八百メートルほど南にあるピプラーワー（巻頭地図参照）で一つの古墳を発掘したところ、二つの蠟石製の舎利《しゃり》容器、壺、蓋付きの器、魚の取っ手のついた蓋をもつ水晶製の器、また、副葬品などが発見されました。それらの出土品は、現在、コルカタのインド博物館に所蔵されています。一つの舎利容器には銘文が刻まれており、多くの学者によって解読されました。「親族である釈迦族が納めたブッダ世尊《せそん》の遺骨」と解読した学者たちと、「ブッダ世尊の親族である釈迦族の遺骨」と解読した学者たちとで意見は分かれたものの、この遺骨という具体的な考古学的資料の発見によって、釈迦牟尼の実在が証明され、歴史的人物としての釈迦牟尼研究が真にスタートを切ったといえるかもしれません。それは今からわずか百十数年前のことなのです。

この遺骨の発見には後日談があります。一九七一年からインド政府考古学局がピプラーワーの再発掘を行い、一九九六年その最終報告書を公表しました。それによるとこの古墳には三度の増築が行われており、ペッペが遺骨を発見した地層は第二期の舎利塔であったことがわかりました。そしてさらにその下の地層にはレンガ造りの本来の舎利塔があり、その中から火葬した遺骨の入った壺が二つ発見されました。これらは現在デリーの国立博物館に保存されていますが、ペッペが発見した舎利容器とわずかにサイズは違うものの、全く同じ形をしています。ペッペの発見した舎利容器は舎利塔増築時の複製品だったのか、あるいは親族の遺骨なのか、今後の研究を待たねばなりません。

悠久の時間の中で

ここまで釈迦牟尼を実在の人物と確定するまでの研究史をたどりました。そこで次のステップとして彼の生存年代を確定し、その時代を考えなければなりません。時代背景なしに釈迦牟尼の生涯や哲学を解明することはできないからです。

ところで、インドの歴史を考察する場合には独特の困難があります。「悠久の歴史を持つ国、インド」などと聞くと、なんとなくインド学・仏教学のロマンを想像されるかもしれません。しかし、このゆったりとした時間の観念*がインドの歴史を解き明かそうとする学者の頭を悩ませます。

＊時間の観念

例えばヒンドゥー教が伝える時間の観念では、宇宙は生成と消滅を繰り返しており、その一回分を「マハー・ユガ」と呼び、四百三十二万年にあたる。これが千回繰り返されて「カルパ」(劫《こう》)となるが、それでさえ梵天《ぼんてん》が目覚めている昼間の時間帯、半日にしか過ぎない。それが百年繰り返されて梵天の寿命が尽き、宇宙は一旦消滅する。しかしそれですらもヴィシュヌ神の一昼夜にしか過ぎない。まさに「終わりのない物語」といえる。

このようなインド文化が持つ悠久の時間の観念のせいなのか、インド史は期待に反して、個々の人間が生きた証を年代として留めてくれないのです。日本でも紀元前のこととなると年代の設定が難しくなりますが、インドにおいては尚更です。

アショーカ王

紀元前のインドの年代を考える場合、世界史の教科書にも出てくるマウリヤ王朝、特に三代目のアショーカ王を基準とします。なぜなら、インドに残る伝承を離れて、ギリシア、ローマの歴史書などを手がかりに年代を設定できるからです。

アショーカ王ははじめてインドを統一した王でした。よく日本の聖徳太子と比べられるように、宗教的な倫理観にもとづく政治を理念として、仏教を含む諸宗教の擁護にも積極的でした。それゆえ、仏教文献にも名を残し、仏教の歴史を考える上でも重要な人物です。

彼は即位後十二年から、自らの政治の内容を岩石に刻んで発布した「摩崖法勅《まがいほうちょく》」を各地に残します。その中で、即位十三年以降に発布したと考えられる第十三章には、マケドニア、エジプトなど、諸外国の五人の王の名前が書き残されていました。西洋史から彼ら五人が同時に王位にあった期間が割り出され、アレキサンダー大王の東方遠征との関係からわかるマウリヤ王朝初代チャンドラグプタ王の年代を考慮にいれて、アショーカ王の即位は紀元前二六八年と算定されました。釈迦牟尼の生存年代もこの年を基準に割り出されます。

紀元前五世紀の人

ヨーロッパの研究者たちは、「釈迦牟尼の入滅後二百十八年目にアショーカ王が即位した」というスリランカの歴史書によって釈迦牟尼の生存年代を設定しました。さらにその史書には、その間に五人の王と五人の律の伝持者がいたと記されていました。二百十八年という長い期間に五人の王しかいなかったというのなら、王が在位していない空位期間を考えなければなりません。また律の伝持者についても、それぞれが四十年以上役目をはたしたことになります。

そこで日本の学界はこの説に異議をとなえました。サンスクリット語や漢文などに残る北方伝承では仏滅からアショーカ王の即位までを百十六年とします。この方が複数の部派に共通のより古い伝承であり、空位期間などの矛盾も解消できて、史実性が高いと考えたのです。

ヨーロッパでは現在でも二百十八年説を採用して、研究者によって若干の差異はあるものの、釈迦牟尼の誕生を紀元前五六〇年代前半、入滅を紀元前四八〇年代前半としていますが、日本では多くの研究者が百十六年説にしたがって誕生を紀元前四六三年、入滅を紀元前三八三年と考えます。この百年あまりの差異は新たな資料が出てこないかぎり縮まることはないでしょう。学者が釈迦牟尼に対して一見曖昧ともとれる「紀元前五世紀頃の人」というのは、実はこの差異を考慮にいれているという裏事情があるわけです。

インド哲学の曙

ヴェーダ

では釈迦牟尼が生まれた紀元前五世紀のインドというのは、どのような時代だったのでしょうか。少しさかのぼって時代を追ってみましょう。

紀元前一五〇〇年頃に起こったアーリヤ人の侵入によって、インド・アーリヤ文化の基礎が築かれました。遊牧民族であるアーリヤ人は半遊牧・半農耕の移動生活を経て、やがて定住していきます。そして徐々に神々や精霊とコンタクトを取ることのできる祈禱師や祭官のもとで、政治的指導者である王族が部族を統率するという構造が出来上がります。これがカースト制の原形をつくるとともに、祭官である「ブラーフマナ」（婆羅門《ばらもん》）を中心とした文化を構築していきました。

この祭官たちが神々を祭場に招き、讃えるための歌集『リグ・ヴェーダ』は、紀元前一二〇〇年頃を中心に形を整えはじめました。全部で十章、千二十八の讃歌からなるこの歌集は、太陽神、暴風神、雷神、火神、河の女神など、生活を営むのに必要な自然や環境のさまざまな力を擬人的に崇拝し、讃美したものです。これらの主要な神々の間には上下の別はなく、必要な時に必要な神に祈願する素朴な多神教の世界を繰り広げていました。

ところが時とともに、婆羅門たちは「それらの頂点に立つ神は何か」という哲学的思索に駆り立てられていきました。この探求の結果は、『リグ・ヴェーダ』の中で最も新しく成立した第十章に、宇宙の開闢《かいびゃく》を担う神への讃歌として現れます。例えば、創造神である祈禱主ブラフマナス・パティが世界を建造したとするもの、また「黄金の卵」が現れ、天地を確立したとするものなど、いくつかの考えが伝えられています。

ヴェーダと呼ばれるものは『リグ・ヴェーダ』だけではありません。最終的に四つのヴェーダが「本集」と呼ばれるようになりました。『リグ・ヴェーダ』より少しおくれて、旋律に合わせて歌詠する祭官たちに帰属する『サーマ・ヴェーダ』や、祭壇の組み方や供物など、儀式の実務を担当する祭官たちに帰属する『ヤジュル・ヴェーダ』が出来上がりました。そして最終的に、吉祥や増益、呪詛《じゅそ》や調伏《じょうぶく》などの呪文を集めた『アタルヴァ・ヴェーダ』も本集の一つとして加えられました。

この中で、呪文集であった『アタルヴァ・ヴェーダ』は、『リグ・ヴェーダ』の末期、すなわち十章に萌芽のある「宇宙の建造者」という思想をより発展させています。宇宙創造という根本的な力をさまざまな名前で呼んで、最高神の地位を与えようとしました。

ブラーフマナ

つづく紀元前八〇〇年頃には、このヴェーダを解説するブラーフマナ文献が登場します。ヴェーダ本集の解説書という立場から、本来はその思想を踏襲するものですが、それでも時とともに、それまでさまざまに考えられていた「宇宙創造という根本的な力」という問題に統一的な答えを見出そうとしました。

もともと祭式は神の恩恵を得るための手段でした。ところが婆羅門たちは、逆に祭式自体に神をも動かす絶対的な力があると気づきはじめたのです。そしてその力こそがすべてを司る永遠不滅なる宇宙の根本原理であると確信して、「ブラフマン」（梵《ぼん》）と名付けました。

> はじめ宇宙は実にブラフマンであった。それは諸神をつくり出し、この諸世界に配置した。この〔地上の〕世界にはアグニ（火神）を、空の世界にはヴァーユ（風神）を、天の世界にはスーリヤ（太陽神）を。
> （シャタパタ・ブラーフマナ　一一・二・三・一）

これと並行して考えられたものに「アートマン」（我《が》）がありました。この語はもともとと「呼吸」を意味するものでしたが、生命の主体としての「生気」や「霊魂」を表します。そして他者との区別においての「自我」や「自己」という私たちの中に内在する自我意識を表しました。

ウパニシャッド

ブラーフマナ文献に萌芽が見られるこの「ブラフマン」と「アートマン」という重要な概念は、つづく紀元前六世紀頃から成立するウパニシャッドの哲学の中で純化され、結びつけられて、帰一的な思想を完成させていきました。

すべての行為、すべての愛欲、すべての香、すべての味、このすべてを包括しているものは、言い表されることなく気づかない。これが心の中の我がアートマンであり、これがブラフマンである。この世を去って後、我はこれと合一すべしと思う者には、実に疑いあることなし。

（チャーンドーギヤ・ウパニシャッド 三・一四・四）

すべてを司っている根本原理である「ブラフマン」と、私たちのもつ自我意識「アートマン」が本来同一だという「梵我一如《ぼんがいちによ》」が説かれたのです。これは直ちに理解できるような簡単なことではありませんが、あえて例えるならば、アートマンはブラフマンの縮図のようだと考えたのです。例えば、『リグ・ヴェーダ』の十章に現れる原人プルシャの讃歌では天地創造の神を人の形にとらえて、口が婆羅門に、両腕がクシャトリヤ（王族・武士）となることにはじまり、思考器官が月、眼が太陽、へそが空界、頭が天界、両脚が地界になったとして天地創造を伝えます。人の身体が世界の縮図であるという感覚がもともとあったのでしょう。

アートマンとブラフマンの関係を理解するためには、ちょうど大型のコンピューターのようなものを想像するとわかりやすいかもしれません。端末のコンピューター（アートマン）はさまざまな場所に設置されていて個々に働いていていますが、すべてメインコンピューター（ブラフマン）とつながっていて、実は同一だというわけです。

輪廻の発見

この哲学的思弁はインドの人々の死生観に大きな変化をもたらしました。恒常的にすべてを司る「ブラフマン」と「アートマン」が同一ならば、「アートマン」も当然永遠不滅なものとなります。すなわち、私たちが持っている「自分」という意識は、死を迎えて肉体が滅んでも永遠に存続していくのです。それは死後にまた新たな肉体を得て、繰り返し生まれ変わっていく「輪廻《りんね》」の発見でした。端末のコンピューターが古くなり、新しく取り替えられても、機能は存続していくのと同じです。

ウパニシャッドではこの「輪廻」を支配する原因としての「業《ごう》」も見出されました。「業」とは「行い」のことです。私たちの日々の行いがすべて原因となって、その結果としての来世を決めていくと考えたのです。

人として生まれ変わるならまだしも、家畜に生まれ変わり、満足な餌も与えられずに鞭打たれて働かされたら……。そしてそこに自分という意識をもって宿ったら……。この輪廻や業の考え方は徐々に一般の人々の知るところとなっていきました。そして「自業自《じごうじ》得《とく》」、「善因楽果《ぜんいんらくか》」、「悪因苦果《あくいんくか》」という婆羅門の哲学から生まれた倫理観が定着していきました。それは、ほのぼのとした農耕中心の村社会での生活規範として決して間違ったものではありません。人々は「善因楽果」をもとめて、悪い行いを避け、さらに善い行いとしての祭式や布施をし、婆羅門を支柱とした社会を保っていたのです。

その一方で婆羅門たちは、この生涯を終える時点で苦の連鎖たる輪廻から脱する「解《げ》脱《だつ》」を目指しました。生涯を終えるときにメインコンピューターであるブラフマンに端末のコンピューターであるアートマンを返して同一化し、自分自身は消えてなくなろうとしたのです。そのためには自分として行っていることを見極めて、最終的にメインコンピューターとスムーズに同一化するように精査しておかなければなりません。そこで自己と世界の観察という「瞑想」を修行の指針として、「梵我一如」の境地を目指しました。

シビル・レリジョン

このように「輪廻」、「業」、「解脱」、「瞑想」など、インドの哲学思想に出てくる基本的な考えは、まさにこのウパニシャッドによって培われました。私たちが「そんな悪さをしたら地獄に堕ちるぞ」と子供を叱る言葉も、実はこの時代にその源があったのです。

それぞれの文化の中には、特定の宗教としてではなく、人々が素朴に保っている精神、心的傾向というものがあります。そのような社会全体がもっている共通の心情のようなものを「シビル・レリジョン」といいます。いくつかの直訳的な訳語も目にしますが、それらではこの語のもつ意味を表しきれないので、あえて訳さずにおきます。「レリジョン」（宗教）と名付けられていても、特定の教義や教団があるわけではなく、特定の文化の中でいつの間にかDNAに刻まれたようなもので、その心情が私たちの習慣や風習を水面下で規定して、暗黙の道徳観、一般常識を形成します。それゆえ「目に見えない宗教」という表現をした学者もいます。

ウパニシャッドで構築された「輪廻」や「業」の思想は、その後のインド文化に深く浸透する精神、心的傾向をつくり上げ、まさにこの「シビル・レリジョン」となっていきました。それゆえインドの文化においては、たとえこの婆羅門思想に反対する哲学、宗教が生まれても、時とともに結局この「シビル・レリジョン」の影響を受けて変化していくのです。

紀元前五世紀のインド

ウパニシャッドによって培われた倫理観は、ほのぼのとした農村社会の生活規範として通用していました。しかしながら、釈迦牟尼の生まれた紀元前五世紀頃には社会の構造が変化して、この婆羅門哲学にもとづく倫理観では追いつけない時代に入っていきました。

仏教やジャイナ教の文献によると、紀元前五世紀頃のインドには「十六大国」と呼ばれる国があったと伝えられます。しかし実際に国家と呼べるほどの統治機構がそれほど多くあったわけではありません。そのほとんどは部族集団の中で権勢を誇るものが長として領地を治める、いわゆる地方豪族、あるいはその複合体単位のものだったと考えられます。ただ、婆羅門がリーダーであった農村社会から、政治、軍事を受け持つクシャトリヤが実質的な権力をもつ社会へと移っていったのです。

そのような地方豪族の中で、「四大国」と呼ばれるマガダ、コーサラ、ヴァンサ、アヴアンティは君主制の王権国家へと発展しました。王族が絶大な力をもち、自国の繁栄のために他国を侵略し、領土を拡大していく大国の出現です。それらの国には経済や文化の中心となる大都市ができ、人であふれ、商品経済の発達とともに商人たちの中から大富豪が現れました。都市と地方、大国と小国の格差は広がり、その中でいかに這い上がるかが優先される「世知辛い世の中」という表現がぴったりの社会へ変化していったのです。

そのような変化の中で、それまでのほのぼのとした農村社会の倫理を保ってきた婆羅門の教えでは、この都市を中心とする新しい社会に対応しきれなくなっていきました。私たちが経済のグローバル化という変化の中で、これまで素朴に保ってきた倫理観では追いつけずに、手を拱《こまね》いている現代の社会と非常によく似た状況だったといえるでしょう。婆羅門教が主張するような「形而上学」的な教え、つまり、私たちの認識領域を越えて、人が体験することのできない絶対的な力によって世界が支配されているという教えで人々に倫理を訴えても、そのような非現実的なものを信じる余裕のない時代がおとずれたのです。武力や経済力という現実的な権力が優先する社会のおとずれとともに、婆羅門はもはや人々の精神的支柱ではなくなっていきました。人々の中で婆羅門の教えはシビル・レリジョンと化して、祭式を慣習的に行う程度のものとして意識されるに過ぎなくなりました。

このことは現代の日本の仏教を思い浮かべると理解しやすいと思います。地方ではまだまだコミュニティーの支柱となって活躍している僧侶がいる一方で、多くの場合、特に都会での仏教は、シビル・レリジョンによって形成される慣習としての法事などを行い、儀式としての仏教を保っているにすぎません。それは人々の精神的な支柱として存在しているわけではないのです。人々も法事などは行うものの、自分が仏教徒だという自覚はありません。またその一方で信仰を求めて、仏教学者の批判的研究に学んだり、新たな宗教に入信したりする人々もいます。

紀元前五世紀のインドでは、ちょうどこれと同じような状況が婆羅門教に起こっていたと考えられます。時代にふさわしい現実的な倫理観の創設のために、学者の批判的研究のように冷静に婆羅門の教えを見直す者や、新たな哲学思想を打ちだす者、さまざまな「自由思想家」が世に現れたのです。彼らのことを「サマナ／シュラマナ」（沙門《しゃもん》）と呼びます。釈迦牟尼もまた、この時代ゆえに現れた沙門の一人でした。

沙門

六師外道

仏教と同時代に興《おこ》ったジャイナ教は、当時新しい哲学思想をとなえた三百六十三もの見解があったと伝え、また、四十五人の沙門の名前と思想を紹介する最初期の文献『聖仙のことば』を伝えています。また仏教文献は、当時六十二の哲学的見解（六十二見《けん》）があったと言い、特に「六師外道《ろくしげどう》」と呼ばれる釈迦牟尼と同時代の沙門について伝えます。

彼らはそれぞれに教団をもつ開祖で、世間の人々に尊ばれていたといわれます。ただ、文献によってそれぞれの名前と思想との間に混乱が見られ、それぞれの思想を確定するまでにはいたっていません。ここでは一般に認められているものを紹介しておきますが、それぞれの名前と思想よりも、むしろ釈迦牟尼と同時代の沙門たちがどのような方向で思索していたかを捉えることが大事だと思います。それら沙門の思想に共通するのは良くも悪くも〝現実的な考え方〟でした。

プーラナ・カッサパ

例えばその中の一人、プーラナ・カッサパは婆羅門教がつくり上げた倫理観をまっこうから否定しました。殺生、盗み、虚言などによっても罪悪が生まれることはなく、布施や祭祀、あるいは修行によっても功徳が生じることはなく、善悪を決定する業などもないと主張しました。退廃的ですが、世知辛い時代で生きるために当然生まれてくる〝現実的な考え方〟です。

アジタ・ケーサカンバリン

アジタ・ケーサカンバリンはプーラナ・カッサパと同じような主張の理論武装のために唯物的な見方をしました。人間は地・水・火・風という四大元素から成り立っていて、そのどこにも輪廻の主体である自我はないという分析を通して、婆羅門の教えに反論しました。この古代の物理学ともいうべき分析的な見方もまた、〝現実的な考え方〟の現れの一つです。

パグダ・カチャーヤナ

このような分析的な見方は唯物的な思想に留まりません。パグダ・カチャーヤナは、上記の四大元素に苦・楽・生命を加えた「七要素説」を説きました。彼は「剣で人の頭を切り落としても、それは人の命を奪ったのではなく、剣が七つの要素の隙間を通りすぎたにすぎない」というのです。

マッカリ・ゴーサーラ

またマッカリ・ゴーサーラは生物を霊魂・地・水・火・風・虚空・得・失・苦・楽・生・死という十二の実体に分析しました。霊魂を実体として認めているわけですから、婆羅門教のように輪廻を認めることになります。しかし、その行き先は善悪の業によって決定されるのではなく、運命で決まっているという運命論を唱えました。人は八百四十万のマハーカルパ（大劫《だいこう》）の間、輪廻しつづけて苦しみの終息に到達すると決まっていて、修行などの精進努力によってそれを変えることはできないと考えていました。彼の教団はアージーヴィカ教と呼ばれ、大きな勢力をもっていたようです。アージーヴィカ教の漢訳は「邪命外道《じゃみょうげどう》」となっていて、いかにも運命にまかせて倫理観なく自由奔放に生きている快楽主義者のイメージが強いのですが、苦行主義のグループで、衣もまとわない裸形《らぎょう》の修行者たちだったという伝承もあります。仏典には彼らが岩の上に片足で立ちつづけたり、コウモリのように木にぶら下がったり、棘《いばら》の上に座ったり、牛糞を食らったりしていたということも伝えられています。このアージーヴィカ教のもつ運命論と苦行主義という二つの側面はにわかに結びつきませんが、運命を受け入れるための苦行を行っていたともいわれています。ただ、彼らは苦行者と称して裸で不作法で品位なく、好き勝手な生活をして人々に不快感を与えると非難されていた伝承もあり、人々にはそれも節度のない好き勝手な行為と受け取られていたようです。

このような〝現実的な考え方〟を説いた教祖たちがすべて退廃的な生活を指導していたかどうかはわかりません。ただ、彼らが説いたような〝この生涯〟という現世中心の考えは婆羅門教によって培われてきた倫理観を否定し、結果的に欲楽にふける快楽主義的な考えとつながっていきます。「沙門」と称して、伝統的な倫理観を迷信だとか、非科学的だと理屈をこねて批判し、自分たち自身は自由人気取りで退廃的な生き方をする人たちが多くいたことも否定できません。

サンジャヤ・ベーラッティプッタ

このように退廃的な考えの横行する中で、注目すべき思想も出てきました。例えば、後に釈迦牟尼の二大弟子と呼ばれるサーリプッタ（舎利弗《しゃりほつ》）とモッガラーナ（目連《もくれん》）が師事していたサンジャヤ・ベーラッティプッタを例にとってみましょう。彼は「鰻のようにぬるぬるして捕らえがたい議論をする人」と風刺されるのですが、実は新しい時代の哲学の動向を示す大切なことを言っていると思われます。

もしあなたが「あの世はあるか」と問い、私が「あの世はある」と考えるなら、「あの世はある」とあなたに答えるでしょう。しかしながら、私はそうしない。私はその通りだとも考えないし、それとは異なるとも考えないし、そうでないとも考えないし、そうでないのではないとも考えない。

（沙門果経　パーリ長部経典　二・三二）

以下、「あの世はないのか」、「あの世はあり、かつないのか」、「あの世はあるのでもなく、かつないのでもないのか」という問いについてもサンジャヤは同様に答えています。「鰻のようにぬるぬるして捕らえがたい議論」と風刺されるのも理解できると思いますが、ここで大切なことは、あの世などの体験できない形而上の問題に対して一貫して確定的な解答を避けているということです。すなわち、私たちに体験もできないし、証明もできない問題を議論しても無意味だと考えはじめたといえます。それが〝あろうがなかろうが〟そのようなことにとらわれずに、私たちがかかわっている現実世界のあり方自体に目を向けようという動きです。

例えばここに一枚の心霊写真があるとしましょう。そこに「霊」と呼ばれるものが見えることから、恒常的な自我の存在、すなわち「霊魂」が存在すると認めることもできます。これが婆羅門教の立場にあたります。それに対してそんなものは存在しないと主張する人々も現れます。また、そのような私たちの経験を超えたものの有無を議論しても決して答えの出るものではなく、無意味だとする人々も現れます。これがサンジャヤの立場です。

サンジャヤが説くのはここまでで、それゆえどうするという展開があるわけではないのですが、そこには、それまでの思想を一旦離れて、現実世界を見極めることに焦点を置こうとした哲学の萌芽を見ることができます。

すなわち霊が存在する、しないという形而上の議論を離れて、その写真自体を見極めようという動きがあったのです。写真自体に何らかの光が写り込んだのかもしれないし、木々の影が霊に見えるのかもしれません。サンジャヤの「鰻のようにぬるぬるして捕らえがたい議論」は、私たちが経験することのできない形而上の問題を前提として、写真に写っているものを考えるのは現実離れしていると言っているのです。現実の世界に焦点を移し、それにふさわしい哲学の展開をもたらそうとしていたのです。

ニガンタ・ナータプッタ

六師外道の最後に仏教と同時代の宗教哲学として苦行を実践する「ジャイナ教」があります。ジャイナとは「ジナ（勝者）の教え」という意味で、「一切の煩悩という敵に打ち勝った人の教え」を意味します。教祖は「マハーヴィーラ」（偉大なる英雄）と尊称されますが、一般には「ニガンタ・ナータプッタ」（繋縛《けばく》を離れたナータ族の出身者）と呼ばれていました。「ニガンタ」はジャイナ教よりも以前に存在した哲学一派の名で、彼がこの派に入って後、一派の説を再構築してジャイナ教が成立したと考えられています。しかしジャイナ教が成立した後でも、「ニガンタ」と呼ぶ習わしは続けられ、仏教も異教の彼をこの名で呼んでいます。

ジャイナ教も紀元前五世紀の「沙門」の哲学の立場から、新時代にふさわしい教えを説いていました。それゆえ、仏教との類似点や共通点も多いのですが、明らかに違うのは「苦行主義」を貫くことです。ジャイナ教は仏教と並んで沙門の哲学の代表として栄え、今日でもインド国内を中心に四百二十万人を超える信徒をもって存続しています。

ジャイナ教は現実世界のあり方を捉えるために「相対主義」を唱えました。例えばダイヤモンドは原石であろうが、カットされて宝石になろうが、砕けて細かくなろうが、ダイヤモンドに変わりありませんから、本質としては「常住」（永遠不変）の存在と見なすことができます。一方、状態という点から見ると、原石が宝石になり、はたまた砕けたりするわけですから、そのつど価値も変化し、「無常」と考えなければなりません。このように見方を変えると「常住」、「無常」のどちらにも絶対性はなく、相対的なものとして理解しなければならないとするのです。

そして「霊魂」についても次のように相対的に説いていきます。霊魂は本質としては婆羅門哲学と同じように永遠不滅だけれども、状態としては神々、人間、動植物、地獄の生命として現実化し、精神性と精神作用という属性をもって現れます。そのような霊魂は業（＝行為）の主体であり、人が身体（身《しん》）と言葉（口《く》）と心（意《い》）によって業をなすと、その業のために微細な物質がしみ込んで霊魂に付着し、「業身《ごうしん》」を形成します。そして業身がつくられると霊魂の上昇性が妨げられ、解脱に向かう動きがつなぎ止められてしまいます。これを「繋縛」といい、それによって、霊魂は輪廻し、苦しみの生存を繰り返して解脱することができないとするのです。

そこでジャイナ教でも修行者は在家生活を棄てて出家し、戒律を厳守する生活に入ることが求められました。解脱を得て輪廻を超えるために不殺生《ふせっしょう》、真実語《しんじつご》、不盗《ふとう》、不淫《ふいん》、無所《むしょ》有《う》という「五大誓戒」を遵守し、新しい業がしみ込むのを防ぎます。このうち、不殺生の戒を守るために、水中の微生物を吸わぬように水は濾過してから飲み、道を歩いて小さな昆虫などを踏み殺さぬように、足下を箒で掃きながら歩みます。また無所有の戒めのためには衣服もまとわず、裸形で修行します。これだけでも十分に苦行だと思われるかもしれませんが、これは戒律の厳守による「制御」としての予防的な行いです。

そして、すでにしみ込んでいる古い業の作用の「止滅」を目指して、さらに過酷な苦行が要求されます。「苦行」の原語「タパス」というのは、もともと「熱」を意味する言葉です。ちょうど晴れて暖かい日に布団を干して、湿気や菌などを取り除き、ふわふわな本来の布団の姿を取りもどす熱乾燥のように、苦行が熱として、霊魂に付着した物質を「止滅」させるとイメージすればよいでしょう。このように苦行によって業の束縛がなくなり、微細な物質が霊魂から離れて止滅すると、霊魂はその本性である上昇性を発揮し、人は生前に解脱の境地を獲得すると、ジャイナ教は考えていました。

釈迦牟尼が誕生した紀元前五世紀のインドでは、こうした「沙門」と呼ばれる人たちの新しい思想が渦巻いていたのです。

第二章　釈迦牟尼の誕生

伝説の特殊性

仏伝文学と八相

では、ここから本題である釈迦牟尼《しゃかむに》の生涯について見ていこうと思います。仏教の文献には「阿含《あごん》」や「ニカーヤ」と呼ばれる経典の集成があります。伝統的な仏教部派が伝える「*経蔵《きょうぞう》」に属する経典群のことで、いわばそれぞれの部派がブッダによって説かれた教え、すなわち「仏説」として伝承していたものです。仏教文献学が今ほど厳密でなかった頃には、この「阿含」、「ニカーヤ」の伝承を無批判に「原始仏教経典」とか、「初期仏教経典」と呼んでいる場合があります。もちろん「初期仏教」の期間をどのように定義するのかにもよりますが、現在の仏教学ではこれらの集成に属する経典がすべて初期仏教の資料となり得るとは考えていません。誤解を避けるために、ここでは「阿含・ニカーヤ」と呼ぶことにします。

＊経蔵

いくつかの部派が保持した経蔵は、長い経典の集成、中程度の長さの経典の集成、テーマごとに分類された小経の集成、説法内容の法数《ほっすう》にしたがって分類された経典の集成という四つの阿含から組織されている。ただ、漢訳に残る四つの阿含は単一の部派が伝えたものではなく、異なる部派の阿含から寄せ集めたものである。

①　長《じょう》　阿含経（仏陀耶舎《ぶっだやしゃ》・竺仏念《じくぶつねん》訳）　三〇経　法蔵《ほうぞう》部
②　中阿含経（僧伽提婆《そうぎゃだいば》訳）　二二二経　不明
③　雑《ぞう》阿含経（求那跋陀羅《ぐなばだら》訳）　一三六二経　説一切有《せついっさいう》部
④　増一《ぞういつ》阿含経（僧伽提婆訳）　四七一経　大衆《だいしゅ》部？

これらの阿含は、パーリ語で経蔵を伝承する南伝上座《なんでんじょうざ》部ではニカーヤと呼ばれ、さらに四つの分類に入らない経典の集成として「小部」を加えて、五部で経蔵を組織する。

①　ディーガ・ニカーヤ（長部）　三四経
②　マッジマ・ニカーヤ（中部）　一五二経
③　サンユッタ・ニカーヤ（相応部）　二八七五経
④　アングッタラ・ニカーヤ（増支部）　二一九八経

⑤　クッダカ・ニカーヤ（小部）　一五経

そしてこれらの「阿含・ニカーヤ」とは別に、釈迦牟尼の生涯を後世に伝えることを目的として書かれた「仏伝文学」というジャンルの伝承があります。一般に「阿含・ニカーヤ」よりも時代は下りますが、サンスクリット語、漢訳などたくさんの文献が残されています。それらは基本的に釈迦牟尼の生涯の「八つの特徴」（＊八相《はっそう》）といわれる項目を基準として構成されており、仏伝図として残るレリーフなどにも影響を残します。

＊仏伝の八相

①　下天《げてん》　釈尊が兜率天《とそってん》から白象として降りてくる。
②　入胎　母マーヤーの胎内に入る。
③　出胎　母マーヤーの右脇腹から生まれる。伝統的には四月八日。
④　出家　二十九歳のときに修行のために出家して沙門《しゃもん》となる。
⑤　降魔《ごうま》　三十五歳のときに菩提樹下で瞑想に入り、成道《じょうどう》を邪魔する悪魔を降参させる。
⑥　成道　菩提樹の下で覚《さと》りを開きブッダとなる。伝統的には十二月八日。
⑦　転法輪《てんぽうりん》　ベナレスの鹿野園《ろくやおん》で苦行仲間であった五人にはじめての説法をする。
⑧　入滅　クシナーラーで涅槃《ねはん》する。伝統的には二月十五日。

これを釈迦牟尼の実際の生涯にあてはめると、誕生（①、②、③）、青年期と出家（二十九歳、④）、成道と教団の成立（三十五歳、⑤、⑥、⑦）、そして入滅（八十歳、⑧）という四つの出来事になります。ところがそこには、はじめての説法を経て教団が出来上がって以降、入滅までの四十五年間の出来事が全く伝承されていません。

この四十五年の間、釈迦牟尼は仲間となる弟子とともにガンジス河流域で遍歴伝道の生活を送っていたと考えられます。その間に行われた説法をもととして、後のブッダの教えが出来上がっていくわけですから、経蔵である「阿含・ニカーヤ」がその期間を伝えていることになります。しかし経蔵は伝承目的である〝教え〟以外はあまり興味がなかったようで、その教えが説かれた時については、四十五年間の内の「ある時」としか伝えていません。したがって、それらの教えが説かれた時を時間軸上に配置することも、またこの期間の釈迦牟尼の行動をたどることもできないのです。

そもそも文献に残されるということは特殊な出来事、すなわち特殊性に他なりません。ちょうど毎日報道されるニュースが社会にとっての特殊な出来事であるのと同じで、日々当たり前のことは基本的には文献として残らないのです。しかも、その特殊性はどこに関心事を置くかによっても違ってきます。スポーツニュースや芸能ニュースだけが特化して伝える出来事があるようなものです。したがって、仏伝の基本となる八相が「阿含・ニカーヤ」で説く四十五年間以外の出来事を伝えようとしたのは、教えを伝えることとは別の、特殊な関心事がそこにあったからだと考えなければなりません。

伝説のはじまり

では、釈迦牟尼の生涯というその特殊な関心事は、どこから、どのように出来上がっていったのでしょうか。「阿含・ニカーヤ」には釈迦牟尼の生涯に関する事項が断片的に見出せます。しかし、それらはあくまでも教えを伝えようとする中で二次的に語られたものがほとんどで、釈迦牟尼の生涯を伝えることを本意としたものではありません。それゆえ、そこから得られる情報はわずかのもので、もともと釈迦牟尼の生涯をつづれるほどのものではなかったといえます。

そのような「阿含・ニカーヤ」の中でブッダの生涯を伝えることに最も早く取り組んだのは、サンスクリット語で伝わる『マハー・アヴァダーナ経』、パーリ伝承の『マハー・アパダーナ経』（偉大なる前例という経）だと考えられます。さらに漢訳も多数現存していますので、ここでは総称して「大譬喩経」と呼ぶことにしましょう。この「大譬喩経」はブッダの生涯の重要な部分を断片的につなぎ合わせ、誕生からはじまって、最終的に教団が出来上がるまでの物語を編纂した最初のものですが、釈迦牟尼自身の伝説を直接描いたわけではありません。それは仏教美術が長い間釈迦牟尼の姿を直に描かず、教えのシンボルである法輪などで象徴的に表していたのに似ています。一個人としてではなく、「ダルマ」（ものごとのあり方）の発見者、教授者である〝ブッダ〟として、普遍化して描こうとしたのです。

釈迦牟尼の滅後、時間がたつにつれ、経典の編纂者たちは本来の目的であるブッダの教えを説くことの一端として、その教えが開祖である釈迦牟尼個人によってつくられたものでなく、永久不変な「ダルマ」にもとづいて説かれたことを伝えようとしました。そこで同じ「ダルマ」を発見し、同じ教えを説いたブッダが釈迦牟尼以外にいても不思議ではないと説きはじめました。

すでに述べたように、「ブッダ」という語は特定の人物を表すものではありませんから、そのようなブッダの複数化に無理はありませんでした。はじめは漠然と「ブッダたち」という複数形で言い表されていましたが、「大譬喩経」にいたって、釈迦牟尼以前にいたとする六人のブッダたちが具体的に語られはじめました。いわゆる「過去七仏」*と呼ばれるものですが、ヴェーダの伝承者である伝説の七聖仙を手本にして七人に定まったという説もあります。

＊過去七仏

第一仏　ヴィパッシン（毘婆尸《びばし》仏）
第二仏　シキン（尸棄《しき》仏）
第三仏　ヴェッサブ／ヴィシュヴァブジュ（毘舎浮《びしゃぶ》仏）
第四仏　カクサンダ／クラカツンダ（拘留孫《くるそん》仏）
第五仏　コーナーガマナ／カナカムニ（拘那含牟尼《くなごんむに》仏）
第六仏　カッサパ／カーシャパ（迦葉《かしょう》仏）
第七仏　サキャムニ／シャーキャムニ（釈迦牟尼仏）

七仏の事項

この具体化はブッダがもつ共通の特徴という前例をつくり、「ブッダたるもの」がそなえるべき必須条件として普遍化するためのものでした。ブッダたちの名前や世に現れた時代は違えども、それぞれに必ず特定の菩提樹があり、必ず二大弟子がおり、必ず一人の侍者がいるというように、その時点で歴史的人物として知り得ていた釈迦牟尼の事項を過去仏に投影して、「ブッダたるもの」の共通の前例がつくり上げられました。そして逆にその前例と合致する事項をもつ釈迦牟尼が、まさにブッダそのものであることを伝えようとしたのです。それによって釈迦牟尼はブッダとなり、彼の教えがブッダの教えとなるわけです。

これが「大譬喩経」の中でまず出来上がった〈七仏の事項〉*と仮称される部分です。アショーカ王のニガーリー・サーガル法勅《ほうちょく》碑文に、王が拘那含牟尼の仏塔を増築して供養したことが刻まれていますので、遅くともアショーカ王の時代には過去七仏、少なくともそのうちの何人かが知られていたことになります。また文献史上、初期の経典とされるものの中にも過去仏の名前がいくつか見出されることをふまえると、「大譬喩経」の中でも〈七仏の事項〉の伝承は意外と早くに成立したと考えられます。少なくとも釈迦牟尼の生涯の伝承を追う場合、この〈七仏の事項〉は当時の人々が釈迦牟尼について知り得ていた事項として重要な情報となります。以下にそれらの項目をまとめておきますが、〃人としての事項〃を超えていないことに注目してください。

＊七仏の事項

《七仏に共通の事項》　《釈迦牟尼の事項》

生まれた時代とブッダの名前　現代、釈迦牟尼

人の寿命	百歳
カースト	王族
ゴートラ名	ゴータマ
菩提樹	アシュヴァッタ樹
弟子の人数	千二百五十人
二大弟子	サーリプッタ、モッガッラーナ
侍者	アーナンダ
息子（パーリ伝になし）	ラーフラ
父、母、都	スッドーダナ、マーヤー、カピラヴァッツ

毘婆尸仏伝

結果的にこの〈七仏の事項〉は〝すべてのブッダの生涯には共通する事項がある〟という法則をつくり上げました。そしてそれは〝すべてのブッダの生涯は共通する〟という考えに発展していきました。そこで「大譬喩経」は後半部に「ブッダたるもの」のさらなる前例として、過去第一仏である毘婆尸仏の生涯の主だった伝説、〈毘婆尸仏伝〉を付け加えていきました。

この伝説は、もともと誕生伝説のみを伝えるものだったと考えられます。なぜなら、その伝説がそのまま釈迦牟尼の誕生物語になったパーリ文『希有未曾有法経《けうみぞうほう》』として残っているからです。両経典の関係については、すでに二十世紀初頭にドイツの学者ウィンディッシュによって指摘されて、どちらが先に出来上がった誕生伝説なのかが問われましたが、『希有未曾有法経』が、そのプロローグの内容から見ても「大譬喩経」の〈毘婆尸仏伝〉をふまえて出来上がった伝承であることは明らかです。

その後「大譬喩経」の〈毘婆尸仏伝〉は段階的に発展して、最終的には断片的ながらも教団が成立するまでの出来事を伝えるものとなりました。そこにはブッダの生涯の八つの特徴とされる「八相」のうち、「降魔」と「入滅」を除いた六つの特徴がすでに見出せます。しかも現存の「阿含・ニカーヤ」は、必ずこの経典を釈迦牟尼の入滅を伝える『大般《だいはつ》涅槃経《ねはんぎょう》』（第十一章参照）の直前、あるいは連結可能な位置に配置していて、両者で「下天」から「入滅」までの仏伝を語ろうとしていた意図がうかがえます。このことからも〈毘婆尸仏伝〉がブッダの生涯としての釈迦牟尼伝を間接的に提示していたことは明らかで、そこから展開していった釈迦牟尼伝は、あくまでもブッダとしての釈迦牟尼像を伝えるものと理解しなければなりません。

序説で仏伝研究の問題点としてあげたように、このようにして出来上がっていったブッダとしての伝説と史的人物の生涯を直線的に結びつけることは危険なのです。〈七仏の事項〉に見るような人としてのわずかな情報から、〝ブッダたるもの〟の伝説がつくられ、それをもとに、さらに必要となる物語を付け加えてブッダとしての釈迦牟尼伝説が出来上がっていったのです。

ここからはしばらく「大譬喩経」が伝える〈七仏の事項〉と〈毘婆尸仏伝〉を考慮にいれながら、釈迦牟尼の生涯に関する伝説を見ていこうと思います。そこを一つの足場とすることによって、それまで知られていた釈迦牟尼の〝人として〟の情報と、それをもとにしてつくりはじめられた〝ブッダの生涯〟、そしてそれだけでは不十分と考えられた〝釈迦牟尼独自の伝説〟を浮き彫りにすることができます。そのような分析をすることによって、仏教が伝えようとした釈迦牟尼の生涯を構成するさまざまな物語が、それぞれどのような意図のもとに伝承されたかという特殊性が見えてきます。

菩薩の誕生

カピラヴァッツ

文献の比較研究から、「大譬喩経」の〈毘婆尸仏伝〉の中でいち早くつくられたのが誕生伝説だったと考えられます。それはブッダが覚る以前の出来事ですから、厳密に言うと「ブッダ」、すなわち「覚った人」と呼ぶことはできません。そこで仏伝を語った当時の人たちは覚る以前の彼を「覚を得る人」を意味する「菩薩《ぼさつ》」と呼びはじめました。まずその菩薩の誕生伝説について考えてみましょう。

釈迦牟尼はカピラヴァッツ／カピラヴァスツを都とする釈迦族の王、スッドーダナ／シュッドーダナ（浄飯王《じょうぼんおう》）を父とし、王妃マーヤー（摩耶夫人《まやぶにん》）を母とした王族の第一子として生まれました。「大譬喩経」の〈七仏の事項〉にも、父母、都の名、王族という項目が伝わっており、もともと〝人として〟の釈迦牟尼について知られていた情報です。ただ、浄飯王は「王」の言葉から想像されるような絶対君主ではなく、序説で述べたようにコーサラ国の属国という立場の中で、共和的な部族集団における首長として領地を統治していた地方豪族を想像した方がよいでしょう。

釈迦族の都であるカピラヴァッツの城があったのは、現在のネパール、ヒマラヤ連峰の南麓のティラウラコットと考えられています（巻頭地図参照）。ただ、十九世紀の終わりにその見解が出てから有力な説として認められながらも、確定にはいたっていません。五世紀初頭にインドを旅行した法顕《ほっけん》の報告『法顕伝』と、七世紀の旅行僧、玄奘《げんじょう》の報告『大唐《だいとう》西域記《さいいきき》』では、その場所に違いがあります。また、一九六七年より再度着手された発掘調査によって釈迦牟尼時代にさかのぼることのできる城塞遺跡であることが再確認されましたが、記銘遺物の出土はなく、絶対的な確証が得られないのです。

一方、インド政府が一九七一年より釈迦牟尼の遺骨が発見されたピプラーワーの再発掘をはじめました（巻頭地図参照）。そして前に触れたように新たに遺骨の入った舎利《しゃり》容器を発見するとともに、東側の僧院跡から「カピラヴァッツ」の銘の入った印章を発掘しました。インド政府がこのピプラーワーこそがカピラヴァッツであると報告したことによって、一時は「二つのカピラヴァッツ」と言われる時期がありましたが、現在では城の所在はティラウラコット、ピプラーワーは遺骨を納めた仏塔と僧院の跡だと考えられています。両者は十数キロしか離れておらず、この周辺一帯が釈迦族の地カピラヴァッツと考える方が合理的です。

下天と入胎

仏伝の八相ではまず、釈迦牟尼が兜率天での生涯を終え、人間界に降りてくる「下天」、「入胎」が語られます。後の伝説では六牙の白象が天界から降りてきてマーヤー夫人のお腹に入る「託胎霊夢《たくたいれいいむ》」の物語が有名ですが、「大譬喩経」が伝える〈毘婆尸仏伝〉には、まだその伝説は見出せません。バールフトの欄楯《らんじゅん》柱に象が降りてくるレリーフが残っていますので、紀元前二世紀頃にはこの伝説は出来上がっていたと考えられますが、それが何を象徴しているのか明確な答えは出ていません。ガンダーラ美術では一般にこの象が円形の中に表されていて、光を表すという説もあります。

確かに「大譬喩経」の〈毘婆尸仏伝〉では、菩薩が入胎する時に大地震が起こり、太陽や月によっても照らされない闇黒の世界が光明によって照らし出されるという出来事が伝えられます。そしてその暗闇の世界に住んでいる人々が、その光によって互いに他の人が存在することを知る〝他者の自覚〟が伝えられるのです。まさに入胎は我執に凝り固まって自分自身しか見えていない者に、真の世界を見させる光の出現として象徴的に語られます。これと同じ内容は誕生の時にも繰り返されますから、〝世界を明かす者の降誕〟という特殊な出来事を伝えようとしたと考えられます。

誕生の地　ルンビニー

釈迦牟尼の実際の誕生の地はルンビニーです（巻頭地図参照）。初期の伝承を多く保っているとされる『スッタニパータ』の中に、釈迦牟尼がルンビニーで生まれたことが伝えられていますので、早くからルンビニーが誕生地として知られていたといわれています。

比べようのない宝のようにすばらしい彼の菩薩が、人々の利益、安楽のために釈迦族の村、ルンビニーの地に生まれた。
（スッタニパータ　六八三）

ところがこの伝承は、この経のプロローグとして後に加えられたと考えられる因縁譚の中にあり、主文と同時代までさかのぼれる伝承ではなく、最初期からルンビニーが知られていた証明になるとは思えません。また「大譬喩経」の〈七仏の事項〉にも、前述のように都城カピラヴァッツの名前を伝えるものの、誕生の地を特別視した項目は示されていません。ただ、釈迦牟尼の滅後百十六年、あるいは二百十八年に即位したとされるアショーカ王の碑文は、王が自ら釈迦牟尼の誕生の地としてルンビニーを訪れたことを記しています。それが私たちの知り得る最も確実で古い資料です。

なぜ誕生の地が城のあるカピラヴァッツではなく、ルンビニーだったのかは定かでありません。釈迦族と、隣り合うコーリヤ族の間では互いにいとこ同士で結婚する習慣があったという研究もあり、一説には母マーヤーがお産のために出身部族であるコーリヤ族の実家に帰る途中だったといわれます。私たち日本人には受け入れやすいものですが、実際には五世紀頃に成立したパーリ語の仏伝にもとづいた解釈です。

紀元前の婆羅門《ばらもん》文化では、出産は死と同じように不浄なものであると信じられていました。この世に生をうけることは過去の生涯の業《ごう》の結果であり、また両親の罪を受け継いだ不浄なものだともされていたのです。そして、その不浄は接触によって親族に広がると考えられていたようです。古代インドの規範となる『マヌ法典』には、その場合の父親や七親等の親族の浄化の規定が書かれています。ただ、母親に関しては何も語られず、例外なのか、あるいは一人でその不浄を背負うと考えられていたのか、出産が近づくと家族と離れて過ごす期間があったようです。釈迦牟尼の母もそのために親族のいるカピラヴァッツの城を離れていたと思われます。それは当時決して特別のことではなく、城を離れたとしても特別なこととして取り立てて伝えられなかったのでしょう。もともと伝承が残っていないのはそのためだと考えられます。ルンビニーは釈迦牟尼が有名になるとともに、アショーカ王時代までには誕生の地として再認識され、聖地となっていったと考えられます。

考古学の成果

ルンビニーはティラウラコットの南東に位置します。一八九六年、フューラーの発掘によってアショーカ王が建てた石柱が発見されました。頭部が破損し、倒れていましたが、王自身が訪れて、釈迦牟尼の誕生の地として参拝し、この石柱を立てた旨が記されていました。

神々の加護をもつプリヤダルシン（＝アショーカ）が即位後二十年のときに、自ら詣で、礼拝した。「ここでブッダ、釈迦牟尼が生まれた」として、石の囲い（？）を造らせ、そして石柱を立てさせた。「ここで世尊が生まれた」として、ルンビニー村は減税され、そして〈収穫の〉八分の一を収めるものとさせた。

（アショーカ王ルンビニー碑文）

この遺跡は地理的にも中国の旅行僧、法顕や玄奘の記録と合致し、釈迦牟尼の生誕地として最も確実視されている場所です。特に玄奘の報告では、馬の像をかかげた石柱が折れて倒れていたとあります。上記のアショーカ王碑文には未だに意味を特定できない「石の囲い」という語がありますが、一九〇一年にはＶ・Ａ・スミスがその箇所を「石の馬」と解読しています。しかし言語学的に多少無理があり、玄奘の報告に引きずられているとして、あまり賛同を得ませんでした。

一九七六年からはじまった「マーヤー堂」の発掘調査で、マウリヤ王朝時代の煉瓦積みの遺構が発見されました。その発掘によって一九七七年に馬の首の柱頭の断片が見つかっており、玄奘の報告と一致します。

また、小さな金の舎利容器も見つかりました。中には小さな遺骨が入っていましたが、この遺骨が誰のものなのか、現時点では定かではありません。マウリヤ王朝期の遺構から出土したこともあって、アショーカ王が再分配したといわれる釈迦牟尼の遺骨ではないかという意見もあります。

この調査ではその遺構の下にマウリヤ王朝以前のものと推定される石積みの遺構も部分的に確認されました。そして一九九二年から全日本仏教会とネパール国のルンビニー開発基金が共同して行った「マーヤー堂」の全面的な発掘調査によって、その全貌が明らかになりました。さらに発掘された石積みの遺構から、長さ七十センチ、幅四十センチ、厚さ十センチほどの石板が発見されました。この石板は周囲を煉瓦で固定され、またマーヤー堂跡の中心となる位置に置かれていたために、釈迦牟尼誕生の場所を示す〝標石〟ではないかと推論されています。上記のアショーカ王碑文に語られる「石の囲い」はこの標石を守るためのものではないかと考えている研究者もいます。

現在ネパール政府はその発見場所をピンポイントで釈迦牟尼誕生の場所として保存しています。ルンビニーは一九九七年に世界遺産（文化遺産）として登録され、現在はマーヤー堂跡の上にも保護のための白い煉瓦造りの建物が遺跡を覆う形で建てられています。

誕生伝説の謎

さて、その場所で釈迦牟尼は誕生を迎えるわけですが、伝説ではマーヤー夫人は沐浴の後、右手を挙げて樹枝をつかみ、右脇腹から菩薩を出産したと伝えられます。ところが、「大譬喩経」の〈毘婆尸仏伝〉が同じ場面で伝えようとすることは、「座って産んだのではなく、横たわって産んだのではなく、まさに立って、クシャトリヤー（王族の女性）がクシャトリヤ（王族）を産んだ」という単純明解なものです。この「立位分娩」ということと「王族」であるという二点が前提となって、後の誕生伝説へ発展していったと考えざるを得ません。

立位分娩の伝承が何を伝えようとしているのか、にわかに判断はできませんが、知友のチベット学者によると、チベット族は現在でも立って出産するとのことです。厳密にいうと、横に渡された棒に手を結い付けて、立った状態で出産するのだそうです。多分、そのような分娩の方法を示すことで、釈迦族のもつ何らかの特殊性を強調したものと考えられます。この立位のマーヤー夫人の姿は、後に豊穣の女神ヤクシーのイメージをもって表されていきます。

また、クシャトリヤと右脇腹からの出産を文献的に結びつけることは容易にできます。よくいわれているのがインドの宗教文化の根底ともいえる『リグ・ヴェーダ』讃歌の中に残る原人プルシャの歌との関係です。プルシャの身体の各部分から世界の構成要素が出現するという天地創造の神話ですが、その中に「口が婆羅門となり、両腕が王族となり、云々」というくだりがあります。この両腕を腋、さらには脇腹と拡大解釈して、王族と結びつけているわけですが、それには少し無理があるような気もします。

それよりも『リグ・ヴェーダ』讃歌の中には、武勇神、英雄神として王族の象徴である神、インドラ（帝釈天《たいしゃくてん》）が脇腹から誕生する歌が残っていることが注目されます。

われはここ〈産道〉より生まれることを望まない。ここは難渋な道である。われは斜めに脇腹から出ようと思う。

（リグ・ヴェーダ　四・一八・二）

仏伝の編纂者は、釈迦牟尼がこのインドラをも想像できる王族として誕生したことを伝えようとしたのだと思われます。ちなみにインドラの乗り物が四牙の白象であることも入胎の伝説に関係していくのかもしれません。

このように見てみると、〈毘婆尸仏伝〉が本来伝えようとした二つのこと、すなわち「立位分娩」と「王族」というのは出身家系の特殊性を表すもので、人間の範囲を超えていません。ところが、それが後にインドラ神の誕生と結びつき、さらに立位のマーヤー夫人の姿は、豊穣の女神ヤクシーのイメージをもって描かれるようになりました。すなわち、人間を超えて神々と次元を同じくするものの誕生として、まさに神格化していったのです。そこには地方豪族に生まれた史的人物を、神々と同じ次元で物語る信仰の営みが見えます。そしてその営みは人々の待ち望んだ救済者、菩薩の誕生という特殊性を伝えるものです。

天上天下唯我独尊

釈迦牟尼誕生の伝説の中で、もう一つ有名な出来事として、生まれるや否や七歩進んで右手で天を示し、左手で地を指して「天上天下唯我独尊《てんじょうてんげゆいがどくそん》」と宣言したという物語があります。次にこの伝承の解釈をめぐる説を紹介したいと思います。

この「七歩」の伝承は、もともと一方向に歩むというものでしたが、次第に四方それぞれに進んで行く物語に発展していきます。宣言した言葉も、漢訳で残っている多くの仏伝ではほぼ「天上天下唯我独尊」に統一されていますが、サンスクリット語やパーリ語の文献では、この漢訳に対応する「われは世界で最も優秀な者である」という伝承の他に、「これが最後の生涯である」というものも見出せます。また仏教美術の研究によると、天地を指さす誕生仏の姿は古くインドには見られないとのことですので、花祭りで甘茶をそそぐあの姿は、あくまでも漢訳の「天上天下唯我独尊」にもとづいてイメージされたものと考えられます。

「七歩」と六道輪廻

では、この「七歩」の伝承はもともと何を伝えようとしていたのでしょうか。ときどき、この「七歩」は伝統的に〝六道輪廻《りんね》を超える〟ことを意味していると聞くことがあります。しかし、初期の仏教が六道輪廻を説いていたとは思えません。私たちが普段「輪廻」の世界と理解している「六道」、すなわち地獄・餓鬼《がき》・畜生《ちくしょう》・阿修羅《あしゅら》・人間・天は、大乗仏教や特定の部派に伝わるもので、中国や日本にはその大乗仏教が早くから伝えられて展開したので、このような伝説が流布しているのです。インドにおける伝統的な仏教では阿修羅の世界が入っていない「五道」を説くのが主流です。また仏教と同時代に興《おこ》ったジャイナ教では輪廻を地獄・動植物・人間・天とします。

ところで後に輪廻の世界に加えられた阿修羅は、サンスクリット語やパーリ語の「アスラ」の音写語で、古代ペルシャ語の「アフラ」と同じ語源をもち、もともと善神を意味していました。ところが後に、「スラ」（神）に否定辞「ア」がついた「神に非ざるもの」と考えられ、神々と戦う悪魔としてヴェーダの聖典や叙事詩などに現れるようになりました。

例えば阿修羅に属するラーフ（羅睺《らご》）は海を攪拌して神々の不死の酒を飲もうとしますが、太陽と月に告発されてヴィシュヌ神に頭を切り落とされてしまいます。ところが、すでに不死の酒が達していた頭部だけが生き延びて、太陽と月に怨みを抱いて追いかけ、周期的に彼らを呑み込んで日食や月食を起こす悪魔となるのです。ただ悪魔といえどもインドの世界観では神々の一員であり、天界の住人です。

このような阿修羅を仏教は争い止まぬ生存としてとらえ、天界とは別の輪廻の世界を立てました。そしてさらには仏法を守護する八種の神々（天龍八部衆）や、千手観音の眷属《けんぞく》（二十八部衆）の中に加えました。奈良興福寺の八部衆阿修羅像や、京都三十三間堂の二十八部衆阿修羅像にその姿を見ることができます。しかし本来、その阿修羅の世界は輪廻の中にはなかったのです。このように見ると、「七歩」によって〝六道輪廻を超える〟という解釈を求めるのは、初期の仏伝理解としては無理がともなうといえます。

「七歩」の意味

そもそも「七」というのは聖なる数字として世界のさまざまな文化の中に現れ、北斗七星に関係すると解釈されるなど、いろいろな説があります。宗教学者ミルチャ・エリアーデも、その「七」にまつわる宗教儀礼を研究した一人です。彼はさまざまな事例を調べる中で、誕生仏の七歩伝説についても言及しました。

エリアーデによると、西シベリアにいるアルタイ系の霊媒師（シャーマン）は儀式のクライマックスで、樺の木についている七つの刻み目を登って頂点に達します。この木は天界、地上、下界を結ぶ世界の軸を象徴したものであり、その登りついた先は「世界の頂上」、かつ「世界の中心」という天地創造の起点であると分析されます。

エリアーデは、誕生仏の七歩の意味もこれに相当し、七歩あゆんだことによって世界の創造と同一化し、人間性を超越したことを示していると考えるのです。

確かにブッダの誕生伝説の解釈としてはファンタジーに満ちたものです。インド的に見ると、大宇宙であるブラフマンと同一化するという、まさに婆羅門の哲学が目指した究極の状態が想像できます。しかし、学問研究から正しく導き出される答えはもっと単純で、当たり前のことであるような気がします。文献学の立場からこの意見に反論した石上善應氏の説は、まさにエリアーデの死角をつくものでした。

通過儀礼

エリアーデは他にヴァン・ジェネップによって提唱された「通過儀礼」の研究もしていました。「通過儀礼」というのは、人が生涯の間に通過する儀礼のことで、さまざまな民族や文化の中に見られます。いわゆる「冠婚葬祭」と呼ぶもので、私たちも誕生式、成人式、結婚式、葬儀式などの多くの儀礼を通過していきます。それを通過することで社会、あるいは集団の一員として認められる、加入の儀礼です。

例えば成人式を通過することによって大人の社会の一員として認められます。今ではスリルを求める遊戯となっているバンジージャンプは、もともと南太平洋のバヌアツで行われる成人式の儀礼です。高い櫓《やぐら》の上や崖の上から、足に蔓《つる》を結わえ付けて飛び降り、それを達成することで成人社会に加入するのです。

石上説はこの通過儀礼と誕生仏の七歩伝説を結びつけて、七歩あゆむ儀礼が釈迦族の誕生式として行われていたのではないかと考えました。すなわち、誕生した赤児を誰かが抱き、七歩あゆんで誕生の宣言をするという儀式を伝説の源泉として想定したのです。もしそういう儀式があったならば、当時のインド文化圏での関心事である「輪廻を終える」という希望を託して、「これは〔この子の〕最後の生涯である」と宣言することも想像できます。また親として「この子は世界で最も優秀な者である」と言ってもかまいません。誕生の地、ルンビニーのところでも取り上げましたが、当時インドでは誕生を不浄なことと考えていたわけですから、浄化のためにもそのような通過儀礼が必要となります。

古代インドの誕生式の研究は進んでいませんが、婚姻儀式の研究によると、花婿と花嫁が手を取り合って七歩あゆみ、結婚の宣言をするという事例が報告されています。したがって釈迦族に同じような「七歩」の誕生式があったとしても決して不思議ではありません。

この石上説を加えることで、誕生仏の七歩の意味を「大宇宙との同一化」にまで飛躍させたエリアーデの理解を修整することができます。そもそも通過儀礼が社会的、集団的な認知を得る加入の儀式であるということは、その儀式によって時間がリセットされ、新たな時間がはじまるということを意味します。誕生式によって新しい人生がはじまり、成人式では大人としての時間がはじまり、結婚式では夫婦という時間がはじまるのです。

エリアーデの言うように「七歩」が世界の中心、頂上に達し、天地創造の起点にもどることの象徴であるならば、それは「大宇宙との同一化」や、「人間性の超越」ではなく、むしろ通過儀礼において意味をなす時間のリセット、まさに〝新たな時間のはじまり〟を意味します。

おそらく釈迦族の誕生式をもととしたこの伝承は、釈迦牟尼が自ら七歩あゆみ、「天上天下唯我独尊」と発したという奇跡的な物語へと発展し、私たちの知るものとなりました。それらの伝承においても「七歩」が示すものは時間のリセットだと考えられます。「世界で最も優秀な者」、あるいは「最後の生涯である者」と表現される釈迦牟尼が自ら七歩あゆむことによって、新しい時間がはじまるのです。それはまさに菩薩自らが示した〝新たな世界のはじまり〟を告げる宣言だと考えられます。

菩薩の幼児期

三十二相

「大譬喩経」が伝える〈毘婆尸仏伝〉では、最も古い部分の誕生伝説に続き、乳幼児期・幼児期のことを少し付加していることが文献の比較からわかります。後の仏伝でもよく知られているのは、赤児を占ってもらうために招いた婆羅門たちが、「この子は三十二相（偉大な人がもつ三十二の特徴）をそなえており、もし家に留まれば転輪聖王《てんりんじょうおう》（法によって世界を治める理想の王）となり、出家すればブッダとなるだろう」という菩薩の将来を告げる物語です。

この〝三十二相〟がいつ、どのように出来上がっていったのかは、まだまだわかっていません。ヴェーダに典拠があるという記述が経典や註釈書にありますが、私たちが知っている現存のヴェーダには見出すことができません。また、いくつかの相はヒンドゥー教の神、ヴィシュヌの化身、ナーラーヤナの姿と共通し、太陽神信仰にさかのぼれると考える学者もいます。

仏典に伝承される三十二相は順番こそ違えども、ほぼ同じ内容で、後に出来上がる仏像のイメージに影響を与えました。例えば頭の最上部が髻《もとどり》のように盛り上がった「頂髻《ちょうけい》相」、眉間に白毛がある「白毫《びゃくごう》相」、身体が金色に輝く「金色《こんじき》相」などは慣れ親しんだ仏像そのものです。また足の裏に法輪の模様がある「足下輪《そくげりん》相」は仏足石や、足の裏を見ることのできる涅槃像などで知ることができます。

ところで、「大譬喩経」の〈毘婆戸仏伝〉は婆羅門たちが占いを行ったとして、特定の人物の名を挙げていません。ところが後の律蔵や仏伝では、〝アシタ仙〟という特定の人物が占いを行った物語に発展していきます。このアシタ仙が菩薩を占うという伝承は、初期の伝承を多く保っている『スッタニパータ』の中に見出せますが、ルンビニーのところでも述べたように、この箇所はこの経のプロローグとして加えられた因縁譚であり、主文と同時代までさかのぼって考えるのは早計です。古代インドで占星術を確立したヴァラーハミヒラは、彼の先達の一人としてアシタの名をあげています。それがどのような人物であったのか、あるいは伝説上の人なのか定かでありませんが、仏教外でもアシタ仙は占星術などの占いの世界で代名詞的な存在として伝わっていたようです。

母の死

「大譬喩経」が伝える〈毘婆尸仏伝〉には、母が菩薩を産んで七日後に亡くなったことが伝承されています。七日というのはいかにも宗教的で、その日にちが史実とは思えませんが、もともとは乳幼児期の伝承より古い成立である誕生伝説の中で伝えられていたことがわかっており、産後まもなく他界したことは史実と考えられています。

また、マーヤーの妹であるパジャーパティー／プラジャーパティー（波闍波提《はじゃはだい》）が釈迦牟尼を育てたといわれますが、これに対応する伝承は〈七仏の事項〉にも〈毘婆尸仏伝〉にもありません。その他、律蔵や「阿含・ニカーヤ」に見出せるものは、あくまでも後に比丘尼《びくに》（女性の出家者）教団をつくる彼女の出家伝説の中で、釈迦牟尼の侍者、アーナンダ（阿難《あなん》）の言葉として伝えられるものだけです。

偉大なるパジャーパティー・ゴータミーは世尊の叔母であり、育ての親であり、養育者であり、乳を与えた人であり、生みの親が他界してから、世尊に母乳を飲ませた。

（パーリ律蔵小品　一〇・一・三）

釈迦族とコーリヤ族の間でいとこ結婚が行われていたという研究を考慮にいれると、マーヤーの妹であるパジャーパティーが後妻になったのは当然のことかもしれません。あるいはもともと第二夫人だったのかもしれません。父スッドーダナと彼女の間には釈迦牟尼の異母弟にあたるナンダ（難陀《なんだ》）が生まれたといわれ、一般に事実としてとらえられています。ただ、このことも後代の律蔵《りつぞう》や仏伝に語られるのみで、「阿含・ニカーヤ」の中ではパーリ小部経典の『長老偈』に、難陀が釈迦牟尼によって出家に導かれて迷いを断ち切ったことが、簡単に伝承されるのみです。

ところで、彼女の名前「パジャーパティー」に対応するサンスクリット語「プラジャーパティー」は、序説で見たセナールの仏伝研究で取り上げられ、大きな間違いを生みました。この語は仏教以前の婆羅門哲学から伝わる「世界を誕生させた主」、すなわち〝創造主〟を表す語の女性形ですが、〝火星〟を示す語でもあります。したがって仏伝が太陽神話にもとづいていることを証明しようとしたセナールにとっては重要な単語でした。しかし問題は〝創造主〟をどのように理解するかでした。女性形ですから、「生みの親」とは理解できても、「育ての親」とはならないのです。そこでセナールは、〝超自然的な力〟や〝幻影〟という意味の名をもつ生母マーヤーが死んだ後、宇宙の創造主「プラジャーパティー」となって、菩薩を養いつづけたと考えて、矛盾をなくそうとしました。

言語学的に導かれた研究では、彼女の名「パジャーパティー」が、もともとサンスクリット語の「プラジャーパティー」に対応するものではないと考えているものもあります。

当時のインド方言では「ヴァ」の音が「パ」となるのですが、それをサンスクリット語で書き改めるときに正しく理解しないで、方言では同音異義となる別の単語と間違う場合があります。この「パジャーパティー」もちょうどその語にあたり、本当は〝妻〟や〝夫人〟を意味する「プラジャーヴァティー」でなければならないのを、〝創造主〟を意味する「プラジャーパティー」と誤解したのだろうと推察されています。多くの場合、「偉大な」を意味する「マハー」を付けて「マハー・パジャーパティー」と呼びますから、もともとは〝大奥様〟という意味だったと考えられます。そしてその誤解がもとで、結果的に本来の意味は失われ、固有名詞になっていったというわけです。

瞬きしない

また「大譬喩経」の〈毘婆尸仏伝〉では、菩薩は多くの人々に可愛がられ、何不自由なくすくすくと育ったということや、美しい声で頭脳明晰だったというような、英雄伝説として当然の伝承が簡単に伝えられます。その中で興味深い伝承が一つありますので、紹介しておきましょう。

「大譬喩経」はブッダの前例として過去第一仏である毘婆尸（ヴィパッシン）の生涯を伝えるわけですが、菩薩は生まれながらにして神々と同じように瞬きをしないので、「ヴィパッシン」（観察する者）と呼ばれることになったと伝えます。これは毘婆尸の名前の由来を語るものですが、同時にすべてのブッダの前例となりますから、当然、釈迦牟尼がもつブッダの特徴の一つとしても伝えられていきます。私たちがよく「涅槃像は目を閉じている」が、寝釈迦は目を開いている」というのはこの伝承にもとづいているわけです。そして「ヴィパッシン」というのも釈迦牟尼の呼称の一つになっていきました。これは、私たちが釈迦牟尼伝と理解しているものの多くが、ブッダの前例として著された〈毘婆尸仏伝〉の影響を受けている顕著な用例の一つです。

第三章　菩薩の悲しみ

出家までの出来事

四門出遊

菩薩の青年期の伝説は、後代の仏伝編纂者によって語られたものがほとんどで、そこから史実性を見出すことは不可能です。出家するまでは釈迦族の地、カピラヴァッツを離れていないでしょうし、別の場所と関係する大きなトピックもありませんから、考古学的にも何もわかりません。

「大譬喩経」の〈七仏の事項〉が伝えるこの期間に関係する事項としては、釈迦牟尼《しゃかむに》の息子、ラーフラ（羅睺羅《らごら》）の名が伝承されている場合があります。しかしパーリ伝にはその項目はなく、また、つづく〈毘婆尸《びばし》仏伝〉にも息子が誕生したという物語は伝えられませんので、もともと伝承されていた事項でなかったようです。〈毘婆戸仏伝〉はこの期間の出来事として出家の動機となる「四門出遊《しもんしゅつゆう》」の伝説を伝えるのみで、菩薩を出家へと導きます。それは要約すると次のような物語です。

ある日、菩薩は遊園のために馬車を用意してもらい、城から外へ出かけることになった。東の門から出発すると、白髪で皺《しわ》がより、腰がまがって、杖をつきながらわなわなと歩む「老人」に出会う。王子がはじめて目にする老人に疑問をもつと、「人は皆、歳を重ねてあのようになるのです。王子も例外ではありません」と御者に教えられ、打ち拉《ひし》がれて再び部屋に閉じこもる。別の日には南の門から出て「病人」を、また別の日には西の門から出て「死人」に出会う。最後に北の門から出て「沙門《しゃもん》」に出会い、彼との会話で求道生活があることを知り、出家を決意する。

この伝説は、私たちには生・老・病・死の四大苦という逃れられない現実があるとするブッダの教え「苦諦《くたい》説」が確立してから、その教義に合わせて組み込まれた物語です。教えを説くことを本来の目的とする「阿含・ニカーヤ」が、教義に合わせて菩薩の出家を描くとこのような物語になったわけです。この教義に関しては、後に詳しく説明しますが

（第七章一五八頁、「苦」という真実、参照）、ここでは四門出遊*との関係を図示しておきます。

＊苦諦と四門出遊

《苦諦》	《四門出遊》	
生苦《しょうく》	東門	老人に出会う
老苦《ろうく》	南門	病人に出会う
病苦《びょうく》	西門	死人に出会う
死苦《しく》	北門	沙門に出会う

武勇伝

ところが仏伝文学になると、この期間にさまざまなことが語られます。まずは英雄伝にふさわしく、菩薩が何不自由なく、すくすくと育ち、当然、文武両面で優れた才能を発揮したと語られます。勉学に励み、父の政務を補佐するのに必要な政治学はもちろんのこと、王子にふさわしい教養をすべて身に付けていたと伝えられます。

武芸の方では、相撲などの格闘技の大会で向かうところ敵なしであり、また、妃を娶《めと》るために釈迦族に伝わる大弓を引く技を競ったという伝説が有名です。まさに勉強もスポーツも万能な理想の王子として描かれています。

内向的性格

しかしながら、このような王子にふさわしい活発な好青年のイメージに反して、多くの学者は「阿含・ニカーヤ」の中に残る菩薩の内面を語る伝承に注目します。それは早くに母を亡くしたことに関係するのか、あるいは自身も病弱だったのか、生類の持つ運命、特に「死」に関して敏感な菩薩の姿を伝えるものです。例えば父王と参加した農耕祭で、鋤《す》かれた土から出てきた虫が鳥に啄《ついば》まれる姿を見て、憂いに沈んだという伝説があります。また、まだ少年であるにもかかわらず、木陰に座って瞑想のまねごとを行い、そこに安らぎを求めていたという伝説もあります。これらの伝承から学者は、菩薩が思い煩うことの多い繊細で敏感な内向的性格だったと分析するのです。しかしこれらの伝承も、あくまで後のブッダの教えからイメージされた若き日の姿であり、どれだけ史実にもとづいているかはわかりません。

ラーフラ

「大譬喩経」が伝える〈毘婆戸仏伝〉の四門出遊伝説では、菩薩は北門を出て出家者と会話したその場で出家し、城に帰ることはありません。ところが後の仏伝は、菩薩が一旦城に帰って思い悩み、出家までにまだまだ時間を要するようにして、その期間に起こるさまざまな出来事を展開していきます。その中でも結婚と息子の誕生という伝説は出家までに不可欠な物語となりました。

菩薩は結婚して一男、ラーフラをもうけます。妻の名前はヤソーダラー／ヤショーダラー（耶輪陀羅《やしゅだら》）といいますが、もともと「ラーフラの母」とあるのみで、はじめは名前までは伝わっていなかったようです。ラーフラという名前は「邪魔者」という意味で、その可愛さゆえに父である菩薩の出家を「邪魔するもの」と解釈されます。それゆえ菩薩はわが子への愛着が深まらないように、誕生の七日後に出家したというのです。夜遅くにヤソーダラーとラーフラの眠る寝室にそっと赴き、二人の顔をゆっくりと見て記憶に留め、静かに城を出て行くという、まさに仏伝中のクライマックスのシーンです。

ところが近年、並川孝儀氏がこの伝承に関して興味深い論を展開しました。このラーフラ誕生七日後の出家物語が仏伝の主流として伝わっているにもかかわらず、そのもととなる伝承が一部の文献にしか見いだせないこと、しかもそのことがすでに五世紀に指摘されていたというのです。そして、それ以外の伝承の多くが伝えていたものは、ラーフラが菩薩の出家から六年後に生まれたというものだったのです。当然釈迦族の人々は妃が不義の子供を生んだと非難しました。それらの物語は結果的にラーフラが実子であったというハッピーエンドに終わり、聖者としての釈迦牟尼のイメージを害することはありません。しかしその伝承の中に見え隠れするあからさまな人間模様は、私たちと同じ苦悩に喘《あえ》ぐ菩薩の姿を想像させます。

さらに並川氏はラーフラの名前の意味を問い直しました。その名前には「ラーフのような者」という別の意味があったのです。「七歩」と六道輪廻《りんね》の項でふれた阿修羅《あしゅら》族の悪魔、日食を起こす「ラーフ」のような者という意味です（八〇頁参照）。まさに太陽神の末裔である釈迦族を食い尽くす悪魔のような不義の子として考えられていたというのです。

私たちは「邪魔者」を意味するラーフラという名前を、あえて聖者である釈迦牟尼のイメージをこわさないように、親として愛着をもつ、出家を「邪魔する者」と解釈してきました。しかしその名の由来には釈迦族にとっての「邪魔者」という意味があったのかもしれません。確かにそれならば大切な親族であるにもかかわらず、妻ヤソーダラーの名前がもともと伝えられない理由もわかります。

もちろん並川氏もそれが史実だと言っているわけではありません。氏があえてこのような伝説にスポットをあてたのは、聖者としての釈迦牟尼のイメージを守るために知らず知らずの間にタブーに触れることを避け、そのために仏教が本来伝えようとした多くの重要な伝承に目が届いていない伝統的解釈への警鐘のためです。菩薩の〝人〟としてのあからさまな姿に目を背けて、聖者として美化し、私たちに共感を与える大切な部分が見えなくなっているのです。

自己存在の悲しみ

釈迦牟尼が生まれた紀元前五世紀のインドでは社会の構造が変わり、君主が君臨する四大国家が勢力を広げようとしていた時代です。それら大国の都市文明と地方との格差は桁外れのもので、婆羅門《ばらもん》を長とする精神文化では抑えることのできない、武力や経済力がものをいう社会です。時代は繰り返されるといいますが、今の日本にも似た状況かもしれません。伝統的な枠組みや倫理観を超えて、いわゆる勝ち組と呼ばれる人たちが生き残っていく時代です。

そのような時代に釈迦族の王子として生まれた菩薩を想像してみましょう。王となるべく大人に線路を引かれて育てられます。唯一甘えられる母親は亡くなっていて、自分をさらけ出すことのできる人もいない環境です。もちろん伝説のように菩薩は見事にその生活をこなしていた好青年だったのでしょう。しかし彼の中には、「これが本当の自分なのか」、「何のために生まれてきたのか」というような〝自己存在の悲しみ〟が渦巻いていたに違いありません。そこには現代の若者となんら変わらない苦悩があるのです。自分を偽り、繕《つくろ》って生きる苦悩に満ちた生活から、ある日、城を飛び出し、本当の自分を探す旅に出たのです。それがまさに菩薩の出家だったと思います。

もちろんこれも一つの想像にしか過ぎません。仏伝が菩薩の青年期に多種多様な物語を加え、さまざまなことに苦悩する菩薩のイメージを形づくってきたのは、私たち自身がそれぞれに持つ〝自己存在の悲しみ〟を投影することができる対象を与えるためでした。学問やスポーツに長《た》けていても、人生は思いどおりにはいきません。並川氏の言うように結婚生活が上手くいっていなかったのかもしれません。毎夜飲めや歌えの生活に虚しさを感じている姿も伝えられます。異母兄弟と王位をめぐる争いに巻き込まれていたことも無きにしもあらずです。聖者の覆いを取り去れば、さまざまな菩薩の苦悩が伝説の中に読み取れます。仏伝が描いた菩薩の姿は、人生に苦悩する私たちが共感できる存在です。私たちと同じ〝自己存在の悲しみ〟に喘ぐ一人の人間として菩薩に共感できるからこそ、後にブッダとなった彼の教えがより現実的な重みをもって、私たちそれぞれの救いとなるのです。そのために多くの伝説が加えられていったと考えなければならないのです。

第四章　出家

王舎城にて

釈迦牟尼伝説の特殊性

「大譬喩経」の〈毘婆尸《びばし》仏伝〉が伝える四門出遊《しもんしゅつゆう》の物語によると、菩薩は最後に北門より出て沙門《しゃもん》に出会い、その場で出家していきます。菩薩の出家を聞いた都の多くの人たちが後につづいて出家していきますが、それでは覚《さと》りを得るための修行ができないと考えて、菩薩は彼らを退けて一人菩提樹の下で瞑想に入り、覚りを得ることになります。ブッダたることの前例として描かれた〈毘婆尸仏伝〉がこのように伝えるわけですから、菩薩の出家から成道《じょうどう》までの間にもともと特別な出来事は想定されてなかったと考えられます。ところが釈迦牟尼《しゃかむに》の伝説では覚りを得るために菩提樹の下に座るまでの期間を六年間とし、その間に起こったいくつかの出来事が語られるようになります。そこにもまた、他のブッダの生涯と違う釈迦牟尼伝説の特殊性を見なければなりません。

マガダ国王との出会い

カピラヴァッツの城を出て、出家した菩薩は、一目散に当時のインドで最大の国、マガダ国の首都ラージャガハ／ラージャグリハ（王舎城《おうしゃじょう》）を目指しました（巻頭地図参照）。そこは文化の中心地であり、菩薩の「自分探し」という期待に応えてくれる新天地だったのでしょう。王舎城での出来事としてまず伝えられるのは、マガダ国王ビンビサーラ（頻婆娑《びんばしゃ》羅《ら》）が、釈迦牟尼が修行者として暮らしはじめたパンダヴァ山を訪れて、彼の出家を思い留まらせようとする物語です。

この物語の源泉は初期仏教の伝承を多く保っているとされるパーリ文献、『スッタニパータ』の中に見出すことができます。「出家経」と題されたその伝承は、後の仏伝に出家直後の出来事として組み込まれ展開していきました。ただこの経典では、それが出家後いつの出来事なのかわかりません。それゆえ仏伝によっては出家直後ではなく、次の項で述べるアーラーラ・カーラーマのもとを去った後の出来事とするものもあります。

ところで、この釈迦牟尼とビンビサーラ王との出会いを、このような初期の経典が伝えることもあって、史実であったのではないかと考えている学者もいます。当時マガダ国は北に向かって領土を拡大しようとしていました。そこはヴァッジ／ヴリジ族の領土でしたが、さらにその北には釈迦族がいました。その釈迦族の後継者が出家して王舎城にやってきたのですから、ビンビサーラ王にとっては絶好の機会です。菩薩に出家をあきらめさせ、友好関係をもってマガダ国に有利な状況をつくろうと、わざわざ王自ら釈迦牟尼を訪れたのではないかと考えているのです。

このようなビンビサーラ王の本音と建前は十分に理解できますが、「出家経」を見るかぎり、はじめから菩薩が釈迦族の出身であると知って往訪したとは思えません。「出家経」には、

〔汝は〕年若く、若々しく、〔人生の〕スタートに立っている若者だ。高貴な容姿をそなえた良き家柄の王族のようだ。

軍隊を編成し、象軍の先頭に立って、われは享楽を与えよう。〔それを〕享受せよ。そして出身（部族）を語れ。〔汝は〕問われているのだ。（スッタニパータ　四二〇〜四二一）

とあって、ビンビサーラ王は釈迦牟尼がどの部族の出身なのか知らず、むしろそれを知る

ために訪れていることがわかります。ビンビサーラ王は、見るからに王族出身である若者が乞食《こつじき》僧の姿で王舎城にやって来たことに、何らかの疑問を抱いていたのでしょう。少なくとも王の言葉づかいは穏やかなものではありません。この伝承を引用した後の仏伝が、わざわざ「王が荒々しくない言葉で語った」と付け加えていることから見ても、この言葉がもつニュアンスはむしろ威圧的なものだったことがわかります。

インドの帝王学を伝える『カウティリヤ実利論』は、当時、苦行者や乞食僧を装ったスパイが他国に派遣されていたことを伝えています。また彼らを二重スパイとして活用することも記されています。この経典からは王が菩薩に対してそこまでの疑いをもっていたかどうかの判断はつきませんが、後の仏伝から想像するような友好的な出会いではなかったようです。

この「出家経」は序文にあたるところで伝承の目的を伝えています。

しがらみのあるこの在家住まいは塵《ちり》の〔ある〕場所である。しかし出家は開放された空間であると見て、〔釈迦牟尼は〕出家された。

出家して身体による悪業を避け、言葉の悪行を捨てて、生活を浄めたのである。

（スッタニパータ　四〇六〜四〇七）

ここではまず、しがらみの多い在家生活と解放された出家生活を実際の建物の中と外に例えて説いています。しかも「塵の（ラジャッサ）〔ある〕場所」という言葉は「王位の（ラッジャッサ）〔ある〕場所」という意味をもつ掛詞ともとれます。そこを離れた出家こそが、身体や言葉による悪い行いを捨てることのできる清らかな生活だと説くのがこの経典の目的です。それゆえこの経典が伝えるビンビサーラ王と菩薩の出会いの物語は、在家（特に王位）とそれを捨てた出家の違いを、二者のコントラストで描こうとしていると考えなければなりません。このような対立者と話を交える物語は、経典によくある伝承形式です。仏伝の物語という既成概念を離れると、ここでは王位というしがらみゆえに菩薩に不信感を抱いて正しい判断を見失い、威圧的な言葉で人を思いどおりにしようとするビンビサーラ王の姿が伝えられていることがわかります。それは身体と言葉、そして心による悪行を止め得ない存在なのです。

釈迦牟尼はビンビサーラ王の問いに対して、自分が釈迦族の王族から出家したこと、出家者として世間的な欲望のないことを告げます。

家系は太陽の末裔と呼ばれ、部族は釈迦族と呼ばれる。王よ、私はその家柄から出家したのです。〔今や〕もろもろの欲望を求めてはいません。
もろもろの欲望に煩いを見て、出離が安穏と見て、精進努力のために進むでしょう。
これを私の心は楽しんでいるのです。
（スッタニパータ　四二四）

「出家経」は出家がいかに世間のしがらみから自由であるかを説くのを目的としていますから、ここで経典を閉じます。ところが後の仏伝では、ビンビサーラ王が釈迦牟尼の説得をあきらめ、覚りを得てブッダとなったときには必ず帰って来て、教えを説くように願うくだりが加えられています。実際、成道後に釈迦牟尼は王舎城を訪れ、ビンビサーラ王自身を在家の信者にして大きなサポートを受けることになります。仏伝は「出家経」のこのエピソードを用いて、後の出来事と関連づけようとしたのです。そのために「出家経」が単独で伝えた本来の目的は失われ、ビンビサーラ王が菩薩に尊敬の念をもって友好的に接している物語に展開していったのです。

二人の哲学者

仏伝によると、次に菩薩は二人の哲学者に弟子入りします。まずアーラーラ・カーラーマという哲学者から「無所有《むしょう》」（何ものもない）の境地にいたる精神統一（禅定《ぜんじょう》）を習います。

そして、それを一週間でマスターしてしまい、師から二人で教団を指導していこうと言われますが、さらなるものを求めてそこを去っていきます。次にウッダカ・ラーマプッタという哲学者に師事して「非想非非想《ひそうひひそう》」（想いでなく、想いでないものでもない）という境地を習いますが、同様にそこも去ります。

この二人の哲学者に関してはまだまだ不明なことが多いのですが、少なくともラーマプッタについては、仏教と同時代のジャイナ教の初期文献にも名前が見出せ、実在の人物であった可能性もあります。しかし彼らが仏伝で伝えられるような境地を実際に説いていたかどうかは確定できません。

菩薩がここで彼らに習ったとされる「無所有」と「非想非非想」の境地は、仏教でも「涅槃《ねはん》」にいたる直前の重要な境地です。禅定によって欲の世界（欲界《よくかい》）を離れ、物質の世界（色界《しきかい》）を離れて、精神的なもののみの世界（無色界《むしきかい》）に入ると、最終的に「無所有」の境地にいたり、そして「非想非非想」の境地を得て、最後に「涅槃」に到達します。それゆえ、この二つの境地に達することは、初期の経典でも仏弟子たちの事実上の目標として説かれている場合があります。

近年、涅槃にいたるこのような禅定の段階が仏伝の記述に反映されたのではないかという論考が出ました。菩提樹の下での覚りを生きながらにしての涅槃（有余《うよ》涅槃＝身体を残した涅槃〉ととらえ、その前段階として、出家直後にこれらの境地を得る物語を配置したというのです。

「阿含・ニカーヤ」の中には菩薩のこの時期を伝える『聖求経《しょうぐ》』があります。仏伝を意図したものではありませんが、その伝承によると、アーラーラ・カーラーマから「無所有」の境地を習得し、次にウッダカ・ラーマプッタから「非想非非想」の境地を習得しても満足できない菩薩は、菩提樹の下に座って成道します。この経典には後の仏伝が説くような苦行の期間はなく、あくまでも覚りに向かう禅定の段階にしたがって物語が進んで、成道にいたります。この伝承から考えると、出家してすぐに二人の哲学者に師事したという話は、仏伝以前から禅定の段階を示すものとして出来上がっていた物語だったのです。

ただ、これら二つの重要な境地を、あえて「仏教外の思想」として伝えているのには意味があります。実際これらの禅定は同時代の哲学思想の中にも見出され、仏教以前から修行者の理想の境地として修習《しゅうじゅう》されていました。菩薩が「覚り」以前にそれらを修め、それらに満足せず、さらなる境地を求めたと伝えられるのは、釈迦牟尼の覚りの境地が他の哲学諸派、特に禅定を修行の指針とする諸派のレベルを超えたものであることの表明だと考えられます。それゆえこの伝承は、すべてのブッダに共通の生涯、すなわち〈毘婆尸仏伝〉が伝えなかった仏教教義の対外的な優越性を語るために、釈迦牟尼伝に加えられたと見なければなりません。

ウルヴェーラーの森

苦行

釈迦牟尼は師事した二人の哲学者のもとで「禅定」を学び終えた後、さらなる境地を求めて王舎城郊外のネーランジャラー（尼蓮禅《にれんぜん》）河の周辺、ウルヴェーラーの森で苦行の実践に入りました（巻頭地図参照）。仏伝ではその時には五人の仲間、コンダンニャ、バッディヤ、ヴァッパ、マハーナーマ、アッサジがいたと伝えられています。前述のように「大譬喩経」の〈毘婆尸仏伝〉はこの期間を伝えませんし、また『聖求経』にも苦行のことは伝えられません。もちろん、禅定あるいは苦行という二つの修行法が当時インドの実践哲学の主流でしたから、釈迦牟尼も当然そのような修行の日々を送ったと考えられます。

釈迦牟尼が苦行をしたという回想的な伝承は「阿含・ニカーヤ」にいくつか見出せます。そこには「苦行を離れる」ことを旨とした仏教の教義をふまえて、無益な経験をした菩薩が描かれています。ただ、実際にその期間がどれくらいのものだったのかはわかりません。

菩薩は二十九歳で出家し、はじめに師事した二人の師のもとを、それぞれ一週間で去りました。そして三十五歳で成道したとされていますから、伝説はその六年間を、苦行を修した期間としているのです。私たちが一般に菩薩の「苦行の日々」として理解している六年間は、あくまでも時間的につじつまを合わせてつくられた伝承だといえます。

否定されるべき苦行

すでにニガンタ・ナータプッタのところで紹介しましたが（五四頁参照）、苦行には、徹底した「制御」と「止滅」という二つの目的がありました。最初期の仏教も決して苦行を否定してはいませんでしたが、ジャイナ教などから見れば苦行と呼べないような範囲に留まっていたといえます。それは、仏教が自己の「制御」としての苦行をある程度認めながらも、「止滅」のための苦行に関しては否定的だったということだと考えられます。「阿含・ニカーヤ」には否定されるべき苦行が釈迦牟尼自身の実践の回想として伝えられています。もちろん実際にそれらの苦行を菩薩自身が行ったかどうかはわかりませんが、それらの経典が編纂される時点でインド社会に一般に知られていたものだったと考えられます。

例えば、基本となる断食の行では、日に一食をとることからはじまり、二日に一食、週に一食、最後には半月に一食となっていきます。食材も野菜のみを食べていたものが、草や米汁の浮き粕となり、さらには牛糞や自分の糞尿を食らう「汚物を食らう行」へと進んでいきます。その断食の行と並行して、常に直立でいる行、あるいは常にうずくまった姿勢でいる行、また棘《いばら》の上に座る行など、身体的な難行が行われます。現在でもインドには長時間逆立ちしていたり、棘を身体に巻き付けて座っている行者がいますから、このような伝承にも信憑性があります。

このようにあえて苦を感ずることに身を置く苦行は、いかなる状況においても欲を抑え、恐怖心や怒りなどの感情のたかぶりを落ち着かせ、常に心を平静に保つことを目的として行われます。それはすでに自分自身の中にしみ込んで定着し、自己を形成する欲などの「止滅」を目指すものに他なりません。ところが、そこには大きな落とし穴があります。

苦行はエスカレートし、さらなる苦行を求めて果てしなく終わりのない連鎖の中に身を置いてしまうのです。まさに「苦行依存症」の状態に陥ってしまうといえるでしょう。日に一食に慣れてしまうと心は一時的な満足を得、平静になります。しかしすぐに不安に襲われ、さらなる欲の克服のために二日に一食へと進みます。ちょうど拒食症のように、自分自身では気づかずに異常な状態に陥っていくのです。すなわち欲を止滅するはずの苦行がさらなる欲を生み出すという、本来の目的に逆行する連鎖を生むことになります。「止滅」のための苦行が自己の「制御」をなくしてしまうのです。菩薩は苦行の体験を経て、まさにそのことを知ったのだと考えられます。苦行で得られるものはそのつどの「慣れ」であって、そのスパイラルの中にあっては決して根本的解決に導かれないのです。

出家した菩薩は文化の中心地である王舎城とその周辺でさまざまな哲学思想に触れ、それらを習得し、自分自身の哲学の基盤を築いていったと考えられます。そこには全く賛同できないものもあったでしょうし、またそれなりの方向性を示唆してくれるものもあったでしょう。もちろん、どの思想も菩薩に満足を与えるものではなかったわけですが、それらを学んだ経験が覚りに向かう道筋を確立したに違いありません。ただ、この出家後六年間の伝承は、それまで知られていたブッダに共通する生涯だけでは伝えきれない仏教の考え方、特に外教に対する〝優越性〟を釈迦牟尼の特殊性として付加していったものであり、すべてを史実として受け取るわけにはいきません。

第五章　樹下成道

菩提樹の下で

スジャーター

苦行を放棄してネーランジャラー（尼蓮禅《にれんぜん》）河の畔に出てきた釈迦牟尼《しゃかむに》は村の娘スジャーターから乳粥をもらい、体力を回復します。苦行をともに行っていた五人の仲間たちはそれを見て、釈迦牟尼が苦行を止めたことを知り、彼のもとを去っていきます。まさに苦行放棄の瞬間を伝えたもので、後にこの乳粥を得た行為は、仏教の理念となる「中道」（欲楽と苦行の両極端を離れること。一五一頁参照）の象徴とされます。もちろん歴史的事実として確認することはできません。アショーカ王がスジャーターの徳を讃えて建立したといわれる仏塔が残っていますが、現存のものは八〜九世紀に建てられたもので、アショーカ王建立の信憑性は薄いようです。ただ、インド中部の仏教遺跡サーンチーの第一塔の門にこの物語が刻まれていますので、紀元前後にはすでに伝わっていた伝承です。

また、「阿含・ニカーヤ」では釈迦牟尼に乳粥を与えたのは二人の女性とするだけで、名前まで伝承していません。後に律蔵《りつぞう》が説く仏伝でも、ナンダーとナンダバラーという二人の名前が伝承される場合が多く、もともとこの物語がスジャーターの名のもとに出来上がったわけではないようです。スジャーターというのは一般に「善い子」を意味する語ですが、それがいつしか固有名詞となっていったのでしょう。『リグ・ヴェーダ』には火神に酥油《そゆ》（バター油）を捧げることによって、「善き生まれの者」（スジャータ）となると伝えられています。またインドの神話では創造神プラジャーパティが苦行で飢餓に陥ったときに牛乳を飲んで蘇生するという話もありますから、このような神話との関連も考えなければなりません。

伝説ではその後、釈迦牟尼はネーランジャラー河で沐浴をして、近くにいた草刈りのソッティヤから座として敷く吉祥草をもらい、現在のブッダガヤーの菩提樹の下に座って瞑想に入ります。

ブッダガヤー

ブッダガヤーは現在のインド東部、ビハール州、ネーランジャラー河の畔にあります（巻頭地図参照）。中心となるマハーボーディー寺院（大菩提寺）には高さ五十二メートルにおよぶ大塔があり、その側に釈迦牟尼が成道《じょうどう》を得た場所として菩提樹の下に金剛宝座があります。現在の大塔は七世紀頃のものを、十九世紀にイギリスの考古学者アレキサンダー・カニンガムが発掘、修理したものです。紀元前二世紀頃とされるバールフトのレリーフに、大塔ができる以前のブッダガヤーの姿を見ることができます。ブッダガヤーは二〇〇二年にユネスコの世界遺産（文化遺産）に登録されました。

釈迦牟尼がその下で覚《さと》りを開いたとされる菩提樹は「アッサタ／アシュヴァッタ」、あるいは「ピッパラ」樹というイチジク属の木で、「大譬喩経」が伝える〈七仏の事項〉にも記されています。ヴェーダの中で呪詛《じゅそ》を担当する『アタルヴァ・ヴェーダ』には、この木が「神々の住処」であり、不死を観察する場所として伝えられていて、もともと〝聖なる木〟として崇められていたと考えられています。ブッダガヤーの菩提樹は仏教弾圧のために何度か伐採されたようです。カニンガムは、現在の場所よりも西よりの地中から伐採されたと思われるアシュヴァッタ樹の大きな木片を二つ発見しています。また彼によると、一八七六年の暴風で当時の菩提樹が倒れ、枯れたと報告されています。現在の菩提樹はアショーカ王時代にスリランカに分けられたとされるアヌラーダプラの菩提樹から、苗木がカニンガムによって発掘調査後の大菩提寺に植えられたといわれます。ところが、カニンガム自身はそのような報告を行っておらず、伝説がいかに早く生まれていくかという格好の例かもしれません。

降魔

菩提樹の下に座った菩薩がまず「欲」の象徴である悪魔を降参させるのが「降魔《ごうま》」の物語です。ここに現れる悪魔たちはいよいよ覚りに向かう菩薩の妨害者であり、菩提樹の下でまず悪魔の攻撃を退ける「降魔」こそが、心静かに瞑想に入り覚りにいたる成道の前段階として伝えられます。それゆえ仏伝では、「降魔」の物語が菩提樹の下での一連の出来事であっても、成道の前に位置する重要な項目として八相（六一頁参照）の一つに数えられ、多くのレリーフや壁画にも残されています。まずは伝説の概要を見てみましょう。

菩薩が菩提樹の下に座したことを知った魔王マーラは魔衆の軍勢を整え、菩薩に向かって進軍を開始した。魔衆たちは獣の姿をして武器を持ち、毒蛇や火炎を吐きながら押しよせて来るが、菩薩の心を恐怖せしめることはできない。一方、自分の息子たちの中に戦いをやめ菩薩に助勢するものが現れて、味方同士のいざこざに苦労する魔王は、菩薩に王の権利を享受させて解脱《げだつ》の道からそらせようとしたり、自分の娘をつかって誘惑したりする。その時菩薩は幾多の過去世をふりかえって、自分は過去の生涯に幾多の身を犠牲にして善根を積んだからこそブッダとなり得るが、魔王は、すべての人を分け隔てなく供養する無遮会《むしゃえ》という、たった一度の善行によって欲界の王となったに過ぎないことを知る。すると魔王が答えて、「お前はおれの善行の証人だが、お前の善行には証人がない。すなわちお前の負けだ」と言う。菩薩は右手で軽く大地に触れ、大地の証人を呼ぶ。すると大地は六種に震動し、大地の女神が姿を現し菩薩の証人となる。魔王は意気消沈し、逃げ帰って行く。

降魔伝説は成道説

釈迦牟尼の生涯の中で、一つのクライマックスともいえるこの「降魔」の伝承は、実は文献に忠実な研究者を悩ませつづけてきました。例えば魔王が娘を使って菩薩を誘惑させるくだりは、物語のはじめに出てきたり、魔王に勝ち目がないとなってから出てきたりと、伝承によって話の順序がまちまちです。どれが本来の話の順序なのか、原形を探ろうとするのですが、そもそも仏伝文学以前の「阿含・ニカーヤ」には、菩薩が覚る以前、すなわち「成道」以前に悪魔が現れることはありません。すでに述べたように「大譬喩経」が伝える〈毘婆尸《びばし》仏伝〉にも、降魔の伝承はなく、菩薩は菩提樹の下で直ぐさま瞑想に入り覚りを得ます。それゆえ文献の発展という立場から見ると、この降魔の物語は核となるもともとの伝承を持たず、まるで降って涌いたような伝説で、どこから現れたものなのか、それが成立する状況を文献の上であとづけることができないのです。

ところが、この「降魔」の物語がもともと成道そのものを伝えるものとして伝承されていたことがわかってきました。仏伝文学以前の「阿含・ニカーヤ」は、菩提樹の下での覚りの内観に仏教の中心的な教義をあてはめて伝えますが、その中に、瞑想の状態を段階的に語る「＊三明《さんみょう》」、あるいはそこから発展した「＊六神通《ろくじんつう》」を適用したものがあります。

＊三明と六神通

①神足通《じんそくつう》　自在に身を変化し、空中浮遊して思うがままに飛行できる超人的な智力。
②天耳通《てんじつう》　はるか遠くの音が聞こえる超人的な智力。
③他心通《たしんつう》　他人の心を知る超人的な智力。
④宿命通《しゅくみょうつう》　自身や他人の過去世を見通す超人的な智力。
⑤天眼通《てんげんつう》　自身や他人の未来を見通す超人的な智力。
⑥漏尽通《ろじんつう》　煩悩が尽きて、迷いのない境地にいたる超人的な智力。

（④〜⑥＝三明　①〜⑥＝六神通）

この覚りの内観である「六神通」を悪魔と戦う物語に仕立て上げた「降魔＝成道」の物語が、「阿含・ニカーヤ」とは別に伝承されていたのです。それは要約すると次のような物語です。

菩薩が菩提樹の下に座ったのを知った魔王は、王の権利を享受させて解脱の道に向かわせないように菩薩を唆《そそのか》すが上手くいかない。そこで恐怖を与えるために軍勢を整え、狼、豹、虎、ライオンなどさまざまな姿で攻撃を加えたが、菩薩は「神足通」によって狼には豹、豹には虎、虎にはライオンと姿を変え、彼らを撃退する。

次に菩薩は「宿命通」によって魔王が過去世でたった一度だけ行った善行によって欲界の王となったに過ぎないことを知る。すると魔王は「お前はおれの善行の証人だが、お前の善行には証人がいない」と開き直る。そこで菩薩が右手で軽く大地に触れると、大地は六種震動して、大地の女神が菩薩の証人として姿を現わす。

魔王は驚愕して退散していくが、菩薩は「天耳通」で遠く去った彼らの非難を聞き、また「天眼通」でその姿を確認する。そして「他心通」を使って天界では神々が喜び、悪魔たちが嫉妬しているのを知る。
そして最後に悪魔たちがなぜこのような悪事をなすのかを思惟して、欲に執着した煩悩であることをつきとめ、「漏尽通」にいたって覚りに到達する。

（阿毘達磨大毘婆沙論　巻一〇三）

このように、「降魔」の伝承は成道の前段階として突然現れたのではなく、もともとは菩提樹の下での覚りにいたる瞑想そのものを物語的に語った「降魔＝成道」にあったことがわかります。すなわち「降魔」の物語が出来上がる核となったのものは、実は成道の内観である「六神通」だったのです。

では、どのようにしてこの物語が成道から分離して「降魔」という別の項目になり、成道直前に位置するようになったのでしょうか。文献の中で一つの物語が発達していく場合、それは上書きされて、もととなるものに取って代わっていきます。それが全く別のものであるという認識が起こらない限り、文献の中ではもとの伝承と併記して語られることはありません。しかしながら、そこにレリーフや壁画などの仏教美術が介在すると話は別です。伝承が別のものに仕立て直されるのです。

仏教美術が文献を中心とする言語表現と根本的に違うところは、表現のために一定の時間帯の物語を一つの画面に封じ込めて、時間を止めてしまうことです。そしてその解釈にあたって、もとの時間軸と違うさまざまな伝承を生み出します。文献によって魔王が娘をつかわすくだりが異なった場面に出てくるのもそのためです。もともと「阿含・ニカーヤ」の伝承とは別に、たぶん説法師と呼ばれる人たちによって語られていた「降魔＝成道」の物語は、レリーフや壁画などに表され、時間を止められてしまったのです。そして、いつしかその解釈の中で成道の前段階となる「降魔」として理解され、成道の前に位置する物語として仏伝文学に取り込まれていったのです。

仏伝美術が文献に伝承される物語から説明されることは言うまでもありませんが、逆に仏伝美術の視点から仏伝文学を見ることは少ないようです。しかし仏伝文学と仏伝美術は相互に関係し、互いに新たな作品を生んでいたのです。降魔の物語はまさにそれを反映する伝承です。

菩提樹の下で（二）

インドの伝承では釈迦牟尼が菩提樹の下で覚りを得てブッダとなる「樹下成道《じゅげ》」も、誕生や涅槃《ねはん》と同じ「ヴァイシャーカ月の満月の日」と伝えられます。しかし、私たちは中国の伝統にしたがって十二月の八日を成道の日としています。ヴァイシャーカ月はインドの暦で「第二の月」にあたり、十一月を第一の月とした古代中国の「周暦」にもとづくと十二月となるわけです。まずはその「樹下成道」から導かれる仏教の基本的な立場を考えたいと思います。

「ダルマ」（法）

さて、釈迦牟尼が菩提樹の下で覚ったものは「ダルマ」（法）といわれます。そして、それにもとづく釈迦牟尼の「教え」が仏教の出発点になっていくわけですが、この「ダルマ」という概念とその表現法が、他の宗教とは違う仏教の特徴をつくり出しました。

「ダルマ」という語の起源は古く、すでに『リグ・ヴェーダ』（紀元前一二〇〇年頃）に見出せます。ただし、私たちが体験することのできない形而上学的で絶対的な力を想定した

「真理」ではなく、人倫を司る道徳的、司法的な神の法として理解されていました。すなわち人間社会を規定し、秩序づけるものとして「ダルマ」という語が用いられていたのです。

そもそも「ダルマ」は「保つ」という動詞から派生した語です。世界、あるいは社会を保っている〝ものごとのあり方〟として理解すべきものです。釈迦牟尼が菩提樹の下で得た覚りを、そのような意味を持つ「ダルマ」と表現したことに重要な意義を見出さなければなりません。

序説でもふれたように、沙門《しゃもん》の哲学という新しい思想は、形而上学的な「真理」を離れて現実世界に目を向けはじめていました。釈迦牟尼の修行の日々も当然その中にありましたから、樹下成道で得た覚りもそうした形而上学的な「真理」とは違う、現実世界での〝ものごとのあり方〟でした。そして、まさにそうした形而上学的な「真理」とは違うものだからこそ「ダルマ」と呼んだのです。そこを見誤って「ダルマ」を曖昧に「真理」とだけ理解してしまうと、仏教の出発点を見失ってしまいます。

釈迦牟尼が菩提樹の下で覚った「ダルマ」は固定したものではなく、普遍的なものだからこそ、生きた人間に応じて現実の世界で具体的に展開しているものでした。それが理解される姿、状況は千差万別といえます。「ダルマ」によってものごとが起こっているのではなく、起こっていることそれ自体が「ダルマ」の具体化なのです。この語の仏教特有の使い方として、具体化した「教え」を表したり、複数形で「事物《もの》」を表したりすることからも、それが理解できます。それゆえ釈迦牟尼自身が樹下成道で覚った自分の体験をそのまま「ダルマ」として強いることはありませんでした。それによって教義が固定化し、絶対化するのを避けたのです。

「阿含・ニカーヤ」の中に「筏《いかだ》の例え」という教えがあります。ある旅人が筏を組んで、より楽に歩める向こう岸に渡ろうとします。その筏で無事たどり着くのですが、その筏は大変役に立つからこの後も陸の上を引きずって行こうとします。「教え」を「筏」に例えたものですが、まさに目的を離れて手段にとらわれ、絶対化している状況を表しています。その筏に執着して陸の上を引きずって行っても、これから起こるさまざまなことに対応できるわけではなく、むしろ邪魔になるだけです。「教え」も「筏」同様、「ダルマ」を知るための〝方便〟（方法・手段）にすぎないのです。

同じ趣旨の例えは後の大乗経典、『楞伽経《りょうがきょう》』の中にも「指月《しげつ》の例え」として伝えられ、私たちにはより馴染み深いかもしれません。「ダルマ」を月に、それを示す「教え」を指に例えて、〝月を指さしても指にとらわれて月を見ない者がいる〟というのです。あくまでも指は月を示す「方便」であって、固定化され、絶対化され、固執されるべきものではありません。

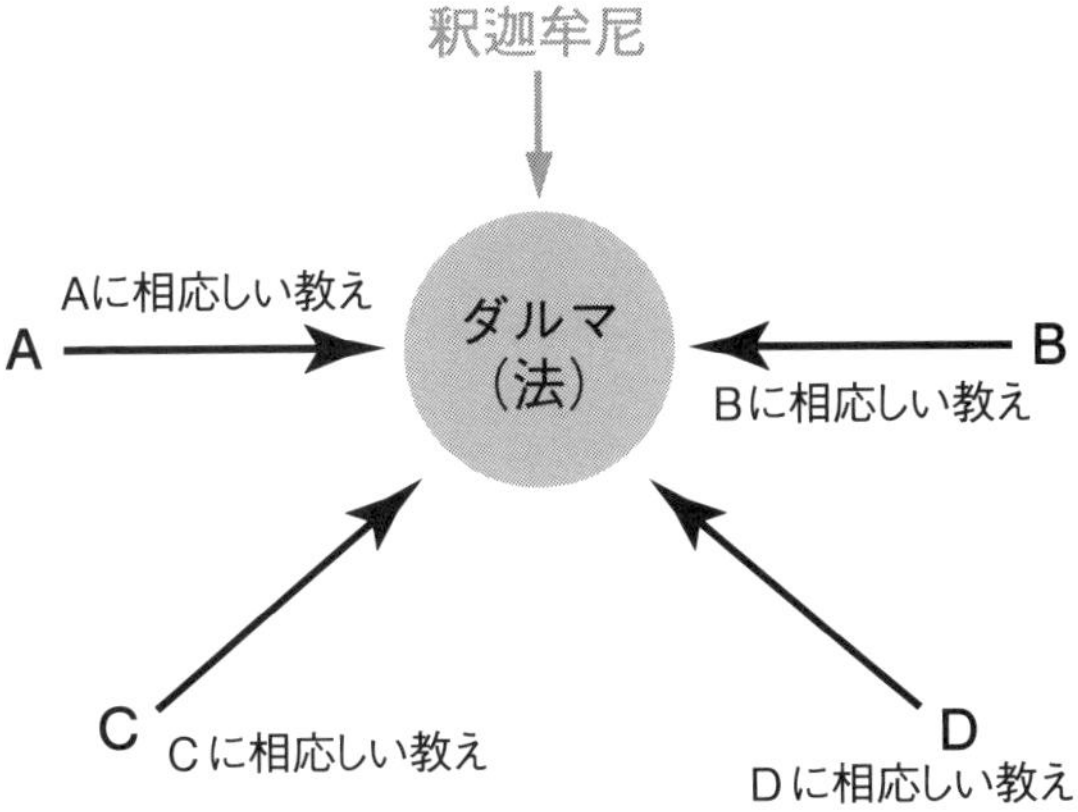

対機説法

対機説法

　そこで釈迦牟尼は現実に即し、千差万別に具体化する「ダルマ」を伝えるために「対《たい》機《き》説《せっ》法《ぽう》」という方法を取りました。同時代のジャイナ教はものごとを相対的に考えるという方法を取りましたが、釈迦牟尼はさらに優れた方法として、Ａという人に対してはＡの方向で、Ｂという人に対してはＢの方向で、Ｃという人に対してはＣの方向で教えるというように、それぞれに応じた「ダルマ」の説き方をしたのです。これが「対機説法」です。それぞれに適した指し示し方を使うことによって、「ダルマ」の固定化を避けたのです。

　例えば部屋に大きなテーブルがあり、その中心に花瓶が置いてあるとしましょう。そのテーブルを囲んで座っている人々にとって、花瓶の位置は東側であったり、西側であったり、さまざまなはずです。ある特定の立場、例えば釈迦自身の立場から「花瓶は東にある」と固定化すると、すべての人に正しい位置を示すことができません。だから相手の立場に応じて説法の内容を変えていくわけです。

開かれた正典

この「対機説法」という手法は仏教が包容力のある宗教となる根幹をつくりました。決して固定化せずに人々に応じて教えが説かれるわけですから、ある人に説いた説法が伝わって、後に一つの教義を確立します。また、別の人に応じて説いたものが別の教義として伝わり、「ダルマ」を示唆するさまざまな教えを許容する宗教をつくり出したのです。

このような教義を限定しない立場を学術用語で「オープン・キャノン」(開かれた正典)といいます。この「オープン・キャノン」というのは対機説法がつくった仏教の最大の特徴です。これに対する反対語を「クローズド・キャノン」(閉ざされた正典)といい、「真理」の名のもとに教義を固定化する多くの宗教の立場がこれにあたります。この立場では、たとえ西側に花瓶があっても「花瓶は東にある」と固定化されますから、それが事実に反していても「真理」として〝信じる〟ということが求められることとなります。そのような信仰は、認めるべきAに対して、たとえA´でも、それを異端の教えとして排除します。ましてやBだったら敵のようなもので、過激に原理主義を貫こうとする人たちは戦いも辞さないということになります。最初期の教えを伝える『スッタニパータ』の「八つの章」には、

快楽に溺れず、そして、高慢にならず、穏やかで、ひらめきをもち、信仰なく、無関心にならない。

（スッタニパータ　八五三）

とあり、「信仰」が否定されています。ここで「信仰なく」といっているのは、「自分自身で確証を得たもの以外は何ものも信じない」と説明されていますから、「妄信なく」という意味で理解しなければなりません。釈迦牟尼はそのような〝妄信〟を排除するために教えの固定化を避け、それぞれが確証を得られるような「対機説法」という手法を取ったのです。そして、この対機説法という手法が、教えを限定しないオープン・キャノンを持つ、争いのない宗教をつくり上げていきました。

もし釈迦牟尼が「対機説法」という手法をとらずに、自身の成道で得たものを一方的に語っていれば、それに限定され、固定化して絶対性を持って伝わり、「釈迦牟尼教」が成

立していたでしょう。釈迦牟尼教ではなく、仏教、すなわち「ブッダの教え」と呼ばれたのは、「ブッダ」が一般名詞として特定の人物を表さず、教主さえも釈迦牟尼に固定化しないからです。「ブッダの教え」の名のもとに、「ダルマ」を人に応じて教える「対機説法」という手法をとったがゆえに、さまざまな時代、文化に適した理解を受け入れる許容力を持ち、結果的に八万四千の法門と例えられる膨大な教えが出来上がったのです。

さらに「ダルマ」はロバの前につるされた人参のように、固定化されないゴールとなり、それを追い求めることが、仏教を発展させていきました。菩提樹の下で釈迦牟尼が覚ったもの、すなわちブッダ自身が経験した「ダルマ」の発見こそが永遠の目標となったのです。仏教は常にその力に引っぱられて、どの時代、どの地域、どの文化の中でも、それぞれにふさわしい具体性をもって固定化せず、「ブッダの教え」の名のもとに進化、発展していくものとなったのです。

菩提樹の下で（三）

釈迦牟尼は「覚り」を自身の経験に固定化せず、「対機説法」というそれぞれに応じた「教え」で、人々をその先にある「ダルマ」の理解へと導こうとしました。それは誰も登頂したことのない山の頂に到達した者が、頂上から山全体を見渡し、それぞれの人にふさわしいルートを教えてくれたようなものです。したがって「教え」は、あくまでも頂上にあたる「覚り」への道筋を示したものであり、「覚り」そのものを教えたものではありません。まさに「仏道」といわれる所以です。

その仏道を歩んで頂上に到達すれば、釈迦牟尼と同じ「ブッダ」（覚った人）となることができます。したがって仏教というのは〝ブッダになるための教え〟と理解してもよいと思います。仏教は目標をあえて釈迦牟尼という人物に特定せずに、彼を通して見ることのできる理想の姿、〝ブッダ〟としました。すでに述べたように「ブッダ」という語は特定の人物を指しません。どのルートからでも頂上にたどり着けば、覚りを得られるのですから、私たち誰もがブッダになれる可能性を含んでいます。

しかし釈迦牟尼が「対機説法」によって〝ブッダになるための教え〟を説いたがゆえに、彼自身があの日、あの菩提樹の下で体験した覚りの内容がどのようなものであったのか、それはヴェールに包まれたままとなってしまいました。もちろんその覚りを追体験するために仏教は釈迦牟尼の教えをさまざまに解釈し、アプローチしてきました。そこで釈迦牟尼によって示された登山口ともいうべき基本的な教えをもとに頂上への道を少し具体的に考えてみようと思います。

〝私〟でないもの

最初期の仏教が伝える教えは無我《むが》・無常《むじょう》・苦《く》という言葉に代表されると考えられています。これらは後に仏教の教理的特徴を表した要語、「諸法無我《しょほうむが》」、「諸行無常《しょぎょうむじょう》」、「一切皆《いっさいかい》苦《く》」として確立していきました。仏教と縁をもつと必ず耳にする言葉だと思います。

このうち、まず「諸法無我」について考えてみましょう。前半の「諸法」というのは「ダルマ」（法）の複数形を漢訳したものですが、これは仏教特有の言葉づかいで、「経験的事物」、すなわち私たちが一般に「もの」としてとらえている対象物（客体）を指します。「一切法」と訳されることもありますから、「すべてのもの」と理解すればよいでしょう。

後半の「無我」には、「我でない」（非我）と、「我がない」（無我）という二つの解釈が成り立ちます。すでに見てきたように、紀元前五世紀の沙門の哲学の流れをくんでいた釈迦牟尼は、伝統的な婆羅門《ばらもん》哲学が主張した恒常不変なる「我」（アートマン）が存在するかしないかという形而上学的な問題を離れ、現実世界でのもののあり方を見つめました。形而上学的な「我」（霊魂）の有無を問われると一切答えなかったという「ブッダの沈黙」は有名です。現実として目の前にある経験的事物、例えば心霊写真に対しては、それが「霊でない」と見ることが重要なことであって、心霊写真を離れて「霊があるか・ないか」という問いには、決して解答が得られない経験を超えた問題として関与しなかったのです。

したがって、釈迦牟尼にとって「諸法無我」の「無我」は、アートマンのような恒常不変なるものがあるかないかを問題にしたものではなく、「諸法（すべてのもの）は我でない」という「非我」の立場を説いたものだと考えられます。一見、言葉遊びをしているように思われるかもしれませんが、これは現実世界の見方として大変重要なことです。

では、その「非我」の「我」とはどういう意味だったのでしょうか。「我」という言葉は多義的で、婆羅門教のように形而上学的な精神的実体（霊魂）という意味を持つ一方で、日常では「自分自身」というような一般的な意味で使われます。初期の経典が伝える素朴な教えから見ると、「我」というのは難しい意味をもつものではなく、むしろ「我が強い」とか「我を張る」、あるいは「我がまま」というような意味で使われる「我」、すなわち「自分自身」、あるいは「自分のもの」というような思い込みをつくる〝私〟という意味で使っていたと理解すればよいと思います。

これらのことをふまえると「諸法無我」という教えは、あらゆるものを〝私〟という思い込みから見、それが当たり前の姿であるとしている私たちに、「すべてのものは私でない」と説き、正しい世界を見せようとしたものであることがわかってきます。

私たちはよく「自分の身体」と言いますが、初期の経典には「身体は〝私〟ですか、〝私〟でないものですか」という問いがあります。もし〝私〟であれば、それは自分自身、あるいは自分のものですから、思いどおりにコントロールできて病気になることはありません。また老いて死ぬこともないのです。身体だけではなく心も同じです。私たちは常々、心はまさに自分そのものだと考えていますが、不安や絶望などの心の動きをコントロールすることはできません。

もちろんこのことは自分の外にある対象物（客体）についても同じです。例えばここに器があったとしましょう。それに高価な茶器としての価値を見出す人は、大枚も惜しみません。しかしそれは主体となる私たち側の価値観、すなわち〝私〟であって、客体であるその器にそのような絶対的な性質があるわけではないのです。それを灰皿だと思い込んでいる人には、灰皿として存在しているはずです。もちろんその器それ自身は「高価な茶器」でも「灰皿」でも、あるいは他の思い込みから存在する何ものでもありません。さらに厳密にいうと「器」というのさえ、私たちの思い込みにすぎません。俗世間にいる私たちは、それぞれが主体となって客体の世界を見、それぞれの〝私〟がつくり出す固定観念によって世界を理解しています。しかし、そのどれもが実は真実の姿ではないのです。

うつろうもの

では、客体である世界はどのようにあるのか、「もの」の側から考えてみましょう。初期の経典には楽器の琵琶がよく例えに出されます。私たちが琵琶に求めている美しい音は、本当に琵琶そのものがもつ固有の性質なのか、それを探るために琵琶を解体していく話です。竿《さお》だけでは音を発しませんから、それは音ではありません。胴も弦もそれ自体は音ではありません。解体してみると、音であるどの部分も見つけることができないのです。

琵琶は竿、胴、弦が一体となって美しい音色を出します。さらにいうならば、演奏者の力量によってもその音は変化するでしょう。美しい音色というものは、さまざまな条件が組み合わさって形成されたものであり、弦が緩んだり、竿が反ったり、また演奏者がかわったりすれば、たちまち変化していきます。すなわち、すべての形成されたもの（諸行）は変化して、「うつろうもの」であり、決して恒常不変なものではありません。それを釈迦牟尼は「諸行無常」と説きました。

このような分析から、音でないパーツが集まった琵琶全体には「音がない」ことになりますから、客体の世界として「ものには固有の本体（我）がない」という「諸法無我」の第二の解釈が生まれてきます。しかしいずれの場合でも、琵琶固有の性質が美しい音色だと思い込んでいるのは、主体となる私たち側なのです。

私たち人間はそれぞれに〝私〟を形成し、それが壊されて自己存在の危機が起こらないように自己防衛して生きています。すなわち〝私〟に固執して自分の存在そのものを保っているのです。それゆえ、あらゆるものを〝私〟の思いどおりにとらえようとします。しかしすべてのものは、常に〝私〟に従うものではありません。それらは「うつろうもの」、すなわち「無常」であり、たちまち変化し〝私〟に背く別のものとなり、苦しみをもたらします。これが「一切皆苦」です。

人はその苦の原因を〝私〟を守るために他に求めてしまいます。しかし本当の原因は、主体である私たち側にあるのです。「諸法無我」、「諸行無常」、「一切皆苦」、これらいずれの教えも、私たちが自己存在を守るため、知らず知らずに執われている〝私〟を、苦の原因として明かしてくれた登山口に他なりません。

第六章　ネーランジャラー河の畔にて

律蔵が説く釈迦牟尼伝の特殊性

教団維持のための伝説

すべてのブッダ共通の生涯を伝えようとする「大譬喩経」の〈毘婆尸《びばし》仏伝〉では、菩提樹の下で覚《さと》りを得たブッダは直ぐさま二大弟子となる人物に教えを説き、教団の成立へとつながっていきます。それは伝説の核となった〈七仏の事項〉が、この期間に二大弟子の存在しか伝えていなかったからだと思われます。ところが釈迦牟尼《しゃかむに》伝の場合には、二大弟子となる舎利弗《しゃりほつ》と目連《もくれん》に出会うまでにさまざまな出来事が伝えられます。これらの伝承もまた、ブッダ共通の伝説だけでは不十分だと考えられた釈迦牟尼伝説の特殊性とみなければなりませんが、それを伝えたのは経典ではなく、教団の維持のための規則を述べる律蔵《りつぞう》でした。律蔵は教団の規則を説くにあたって、なぜ教団が出来たのかという成道《じょうどう》後から教団が出来上がるまでの因縁譚を伝えようとしました。そこに伝えられた釈迦牟尼伝は後に経蔵《きょうぞう》に取り込まれて、経典としても伝承されていった経緯がわかっていますが、もともとは律蔵の編纂過程の中で、教団維持にかかわるという特殊性をもって語られていった伝説だと考えなければならないと思います。

七週間の出来事

まず、律蔵は成道後の七週間について、ネーランジャラー河の畔で釈迦牟尼に起こった出来事を語ります。ただ出来事の数や順番はそれぞれの部派に伝承された律蔵によってまちまちですので、ここではそれぞれに共通し、もともと伝承されていたと思われる出来事について見ていくことにします。

釈迦牟尼は樹下《じゅげ》成道の後、アジャパーラ・ニグローダ樹の下に移動して、七日の間解脱の楽しみを享受し、さらにムチャリンダ樹の下で七日間を過ごしました。そのとき雨が降りはじめたので、ムチャリンダ龍王が釈迦牟尼の周りに七重の蜷局《とぐろ》をまき、かま首をもたげて釈迦牟尼を守ったといわれます。龍（ナーガ）は仏法を守る「天龍八部衆」の一つとして有名ですが、インドでは天候や豊穣を願う土着の守り神として樹下に安置され、信仰を集めています。

つづいてその後、ラージャーヤタナ樹の下で解脱《げだつ》を楽しんでいる時に、タプッサとバッリカという商人が釈迦牟尼に蜜団子を布施し、ブッダとその教えに帰依して、初の在家信者ができたと伝えられています。この二商人の帰依の物語については、フランス極東学院で仏伝の研究に生涯を捧げたアンドレ・バローが興味ある分析を行っています。彼はタプッサとバッリカという名前が、なぜこの物語に伝承されているのかという疑問を抱きました。そして、これらの名前がもともと固有名詞ではなく、一般名詞だったのではないかという二つの仮説を立てたのです。一つの仮説は「瓜」（トラプシャ）と「薬草」（バッリカ）を商う人、もう一つは「錫《すず》」（トラプサ）を「運ぶ人」（バーラカ）という解釈です。

バローは二つ目の仮説に特に思い入れがあったようで、詳しく分析しています。青銅器が発掘されている北インドでは、銅は産出するものの、錫が採れません。それゆえ、錫はマレー地方から輸入に頼っていたと考えられます。ベンガル湾からガンジス河をのぼってきた隊商は、最終的にネーランジャラー河の側を通る南北の街道、すなわち仏教徒にとっては聖地巡礼のルートを取っていきます。その街道では多くの巡礼僧が安全のために隊商に同行して旅をし、隊商の方も修行者を連れていれば厄難から逃れられると考えて、彼らを受け入れていただろうというのです。そして、かつて釈迦牟尼自身に供養した隊商の例を示すことによって巡礼僧たちへの施しや保護を促すこと、それがこの物語を語った本来の意図ではなかったかと考えました。

このような見方をすると、先のムチャリンダ龍王が釈迦牟尼を雨から守った物語も同様に、不意の気象変動などの際に巡礼僧の保護を願う物語であったと考えられます。伝説というのはそれを伝承する人々の必要性によって付加や改変が行われます。これらの伝承が律蔵で編纂されたのは、教団維持のために必要となったためであり、〈毘婆戸仏伝〉が伝えるような、もともとのブッダ共通の伝説には必要のなかった現実的な問題だったのです。

慈悲の心

悪魔のささやき

「阿含・ニカーヤ」には覚りを得た釈迦牟尼に悪魔が「今こそ入滅の時である」と勧めるくだりが出てきます。悪魔の言い分からすると、釈迦牟尼は苦から解放されるために生存欲である「自己」を離れて解脱したのだから、後は自然にまかせて肉体的な終焉《しゅうえん》を待てば、それは死ではなく、永遠の解放という目的を達成できるということになります。もちろん釈迦牟尼はそれに従いませんでした。もし従っていたら、釈迦牟尼は即身仏《そくしんぶつ》のように誰知ることなしに人生を終え、仏教はなかったことになります。

釈迦牟尼は菩提樹の下で覚った後、ネーランジャラー河の畔で過ごした七週間に、このような悪魔のささやきに従わない、かつ人として生きることを損なわない〝ブッダ〟になっていきました。今、私たちがこうして仏教を語っているのは、釈迦牟尼がやっと得た寂静の世界を離れて、今一度、いわゆる俗世にもどり、教えを説いてくれたからです。この説法の決断によって弟子を得ることになり、仏教教団が出来上がっていくわけですから、当然、律蔵においては重要な出来事となります。そして、そこには釈迦牟尼がブッダとして生きる理想の姿が伝えられています。

脳科学の世界

仏教文献学に携わっていると、何度も「それ以上のことは学問上証明できない」という壁に突きあたります。そこで文献を離れて他の学問の成果を利用し、学際的研究でそれを打破しようとするのですが、納得のいく答えが得られることは決して多くありません。そのような中で、近年の脳科学の進歩はとても大きな示唆を与えてくれます。

脳科学者であるジル・ボルト・テイラーが自分自身に起こった脳卒中と八年間にもおよ

ぶリハビリの体験を記した『奇跡の脳』という書物があります。彼女自身の言葉を借りると、「脳卒中で人間の脳の美しさと回復力を発見した物語」であり、「一般の読者向けに書いたものではあるが、脳の外傷から回復中の方や、そのような患者さんを看護する方にも読んでいただきたい」と著されたもので、決して宗教的な意図をもったものではありません。しかしその科学に裏打ちされた報告の中には、釈迦牟尼の覚りを解明できるかもしれない脳科学者の体験が描かれていました。

彼女はある朝、脳卒中で左脳から出血がはじまり、左脳の機能を失ってしまいます。私には左脳が不全になると身体の右側に影響が出るということぐらいの知識しかありませんでしたが、脳科学によると左脳は「自己」を司っている脳だそうです。自分自身を外界から区別し、言語を使った思考によってものごとを判断し、自己そのものを規定しているのが左脳です。脳卒中でその機能を失った彼女は、「自分の境界」を失い、代わって、自己と世界を区別なく理解している右脳の機能が前面に現れて、自分の指先とその外側にある空気との境すらなくなり、世界と一体になるような状態になったといいます。特別な仏教の知識をもたない彼女が、その状態を今や英語となっているニルヴァーナ（涅槃《ねはん》）と表現したことも、あながち間違いとはいえません。そして、彼女が世界と一体となった平穏な幸福感に包まれて、その状態からもとにもどりたくないと思ったことにも驚かされます。

まさに釈迦牟尼に悪魔がささやきかけた瞬間と同じ状態だったといえます。

彼女は無事助け出され、八年におよぶリハビリによって再帰を果たすのですが、この経験で彼女の世界観は変わったといいます。普段知ることのできない右脳が司る世界を見たからです。まさに左脳が司る自己を離れた「非我」の世界を体験したのだといえましょう。それは裏を返せば、自己保存のために我を張り、我がままを言い、あるいは自己防衛のために攻撃的にもなる左脳の機能を知ったからに他なりません。もちろんこの左脳の機能なしに私たちが生きていくことは不可能であり、それがなければ、この現実の世界では何もできなくなってしまいます。ただ、彼女はリハビリによって左脳の機能を回復していった自らの体験から、自分のエゴとなる古い回路の一部を再生しないで自我を回復させることができるというのです。

この脳科学者の報告は、釈迦牟尼が悪魔のささやきに乗らずに、非我の境地を知りつつ人生を歩む人、つまり、ブッダとは何かを考えさせてくれます。それは「我がない」というのではなく、まさに自分を自分ならしめる自己を確立しながら、かつ、右脳が見極めているすべてのものと一体であるような存在、つまり左脳のエゴがつくる我からは自由な〝我でない〟というあり方そのものだと考えられます。釈迦牟尼は現代の脳科学がやっと分析できるようなことを、ネーランジャラー河の畔で知り得たのだと思えてなりません。

梵天勧請

律蔵にはそのときの釈迦牟尼の心の葛藤が「梵天勧請《ぼんてんかんじょう》」というエピソードで残されています。それによると、釈迦牟尼は覚りを得てしばらくしてから、アジャパーラの樹の下で瞑想していました。その時に釈迦牟尼は、世の中の人々は生存のために自己を主体とし、自己に固執して生きているのだから、そのような人たちに教えを説いても理解できないだろうと考えていました。それならばこのまま涅槃に入った方がよいと感じていたのです。そこでそれを察知した世界の主、梵天（ブラフマン）が釈迦牟尼の前に現れて、「山の頂にいる者が四方を見渡すように、無垢なる者の覚った法を開示してください」と人々への説法を懇願します。これは伝道の決意を促す「梵天勧請」という有名な物語ですが、もちろん釈迦牟尼自身の心の葛藤を表したものに他なりません。あるいは右脳と左脳の戦いといえるかもしれません。これを契機に俗世にもどって、八十歳で寿命をまっとうするまで教えを説いて生きる〝ブッダ〟が出現するのです。

慈しみと悲しみ

釈迦牟尼がこの一度目的を達成した世界から、あえて喜怒哀楽をともない、苦しみをと

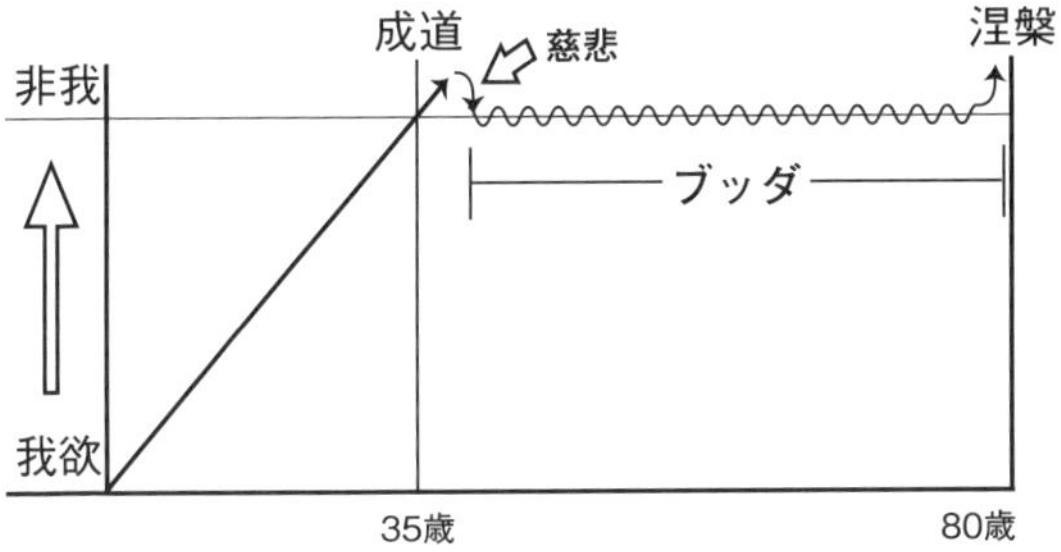

もなう俗世間にもどろうとするために作用した力を「慈悲《じひ》」といいます。「慈悲」という言葉は日本語になっていて、「哀れみ」という意味だと思いがちですが、もともとは「慈」（マイトリー）と「悲」（カルナー）という二つの語です。「慈」は友情を表す「慈しみ」を意味します。「悲」は、それぞれがもつ自己存在の「悲しみ」です。釈迦牟尼は自己が存在する悲しみを背負って出家し、六年を経て覚りを得た結果、「我でない」世界を見ました。そして世界と一体となったことで、自分と他者を区別なく知ることとなったのです。だから、自己存在を憂いていた悲しみが他を憂う「悲しみ」となり、自己を慈しむのと同じ「慈しみ」が他に向けられることになりました。そのような自と他の垣根をもたない世界が、「非我」を覚ることによってはじめて達成されたのです。「慈悲」と「非我」の境地はまさに表裏一体のものといえるでしょう。

　最終的に釈迦牟尼は、伝道に向かうことを決意します。菩提樹の下での覚りがどれだけ普遍性をもつ〝ものごとのあり方〟

であっても、それが具体化した現実の姿として理解されなければ意味がありません。釈迦牟尼のこの決断によって、覚りと現実の事象が結びつき、現実世界を正しく把握する「生きた覚り」をもつ〝ブッダ〟が誕生したことになります。そのようなブッダ誕生の原動力となる〝慈悲〟、それこそがブッダの真髄だと考えられるようになり、ブッダが救済者として慕われていく最大の要因となるのです。

第七章　伝道のはじまり

律蔵が説く釈迦牟尼伝の特殊性（二）

不可解な道のり

前章で見たように、ネーランジャラー河の畔でさまざまな思索を繰り返した釈迦牟尼《しゃかむに》は、「自己存在の悲しみ」を自他の分け目なく見極め、自他の垣根のない「慈しみ」をもって伝道に向かうことを決意します。この「慈悲《じひ》」にしたがって現実的行動をとる者こそが〝ブッダ〟であり、本当の意味でのブッダ誕生の瞬間が訪れたといえます。こうして三十五歳で覚《さと》りを得た釈迦牟尼は、これからブッダとしての伝道生活をはじめることになりますが、それを詳しく伝えたのも律蔵《りつぞう》でした。

その律蔵の伝承によれば、釈迦牟尼はまず自分の覚りを誰に教えようかと考えます。はじめに思いついたのが、出家してすぐに訪れ、「無所有《むしょう》」の境地を習ったアーラーラ・カーラーマでした。ところがそこに神格が現れて、彼が一週間前に亡くなったことを告げます。次に「非想非非想《ひそうひひそう》」の境地を習ったウッダカ・ラーマプッタを考えるのですが、また神格が現れて、彼が昨日亡くなったことを告げます。そこで「苦行」をともに修した五人の仲間が今どこにいるのかを神通力で見て、彼らのいるベナレス郊外サールナート（巻頭地図参照）の「鹿野園《ろくやおん》」へと出発するのです。

これはごく普通に語られる仏伝の一節ですが、この伝承に関してアンドレ・バローは疑問を抱いていました。この一連の物語は成立年代を異にした二つの物語が組み合わさっているというのです。神格によって二人の師の訃報を告げられるブッダと、自らの神通力によって苦行仲間の居場所を知るブッダでは神格化の度合いが違い、同時代の伝承とは考え難いといいます。

見事な文献学的考察としか言いようがありませんが、確かに釈迦牟尼が伝道を決意して以降、王舎城《おうしゃじょう》に「千二百五十人」といわれる大教団が出来上がるまでの伝説を時間軸上の出来事として追っていくと、そこに伝えられる釈迦牟尼の伝道の道のりは少し現実離れしていいます。事実は小説より奇なりといいますし、また後代の文献が説くように、それらの出来事が三年がかりのことだったと考えることもできます。しかし、それらが一連の出来事ではなく、「律蔵」が必要とする教団にかかわる物語をそのつど付け足して、組み上げていったものと考えることもできます。ここからはその疑問を念頭に置きながら、そこに伝わるそれぞれの物語を考えていきたいと思います。

ウパカ

ブッダとなった釈迦牟尼は、かつて苦行をともにした五人の仲間に会うためにブッダガヤーをあとにし、サールナートに向かいます。そしてガヤーまでの道中で、まずアージーヴィカ教徒のウパカと出会う話が伝えられます。

ウパカは晴々とした顔をしている釈迦牟尼に、「あなたは何を目指して出家したのですか、師匠は誰ですか、誰の教えを信じているのですか」と声をかけてきます。この台詞は修行者たちが道で出会ったときにいつも交わされる挨拶のようなものですが、釈迦牟尼は「自ら覚って、〔師匠として〕誰を示すだろうか」と言って、自らの覚りを伝えるきっかけをつくろうとします。ところが、ウパカは呆《あき》れて「あ、そう」と言ったまま去っていってしまったという話です。

仏伝という、いわゆる英雄伝説の中に、このような失敗談が残っていること自体が興味深いという学者もいますが、アンドレ・バローはこの伝承に関してさらに興味深い考察を加えています。彼はここでも、なぜ道で出会っただけの修行者なのに「ウパカ」という名前が伝承されているのかという疑問をもちました。

この「ウパカ」という名前は他に「ウドヤ」とも伝承されています。バローは「ウドヤ」が「現れる（人）」という一般的な意味で理解できることから、「ウパカ」も固有名詞ではなく、「ウパガ」（近づいて来る（人））が訛《なま》った方言ではないかと考えました。確かにバローが参照できなかったサンスクリットの資料に、「ウパガ」と伝承されるものがあり、氏の想定を裏付けています。つまり、もともと「ウパカ」や「ウドヤ」は特定の人物名ではなく、単に「道で出会った人」であったということになります。

この論考はフランス極東学院でのバローの先学、アルフレッド・フシェの論を擁護するものとなりました。フシェは、釈迦牟尼の説法はサールナートのそれがはじめての成功例で、それまでにさまざまな説法を試みたが、どれも失敗に終わったのではないかと考えていたのです。バローはまさにこの考えを文献学的に証明したことになりました。つまり、釈迦牟尼はサールナートに向かう道で出会うさまざまな修行者に自分の覚りを伝えようとしていたことになります。しかし、出会った人たちは誰も釈迦牟尼を相手にしてくれなかったということを伝えているのです。

アージーヴィカ教徒

ところが、バローやフシェの考察だけでは、なぜ道で出会っただけの「ウパカ」がわざわざ「アージーヴィカ教徒」とされているのかという点までは説明できません。

アージーヴィカ教は、仏教が六師外道《ろくしげどう》として名前をあげるゴーサーラを教祖とする教団です。すべては運命によって決定づけられていて、精進努力によってそれを変えることはできないと考える「運命論」を信奉する快楽主義者たちといわれます。また、裸の苦行者だったとも伝えられますが、人に不快感を与えるような好き勝手で不作法な生活をしていたようです（五一頁参照）。しかし、アショーカ王の頃には仏教やジャイナ教と並ぶ勢力を持つ教団だったようで、仏教教団にとってはまさにライバル的存在だったといえます。ですから、快楽主義、苦行主義のどちらも否定する「中道」の立場で世に現れた仏教にとっては（一五一頁参照）、アージーヴィカ教徒は大きな対抗勢力の一つだったことになります。

釈迦牟尼が「ウパカ」と出会って呆れられる物語は、そのような対抗勢力の姿を伝えていると考えられます。確かにバローやフシェの言うように、釈迦牟尼は道で出会う修行者たちに説法を試みたことでしょう。しかし伝説の中で「ウパカ」があえてアージーヴィカ教徒とされたのは、釈迦牟尼が当時そのような勢力からことごとく無視されたことを語っているのです。すでにタプッサとバッリカのところで見たバローの考察（一三五頁参照）のように、律蔵は教団維持という現実問題に直結した物語を編纂していました。そのことをふまえると、律蔵はこのような物語をあえて伝承することで、快楽主義が横行する中で苦労しながら遍歴伝道を行っている比丘《びく》たちに、釈迦牟尼もまた同じであったことを伝えようとしたのだと考えられます。

鹿野園にて

釈迦牟尼のはじめての説法はサールナートの鹿野園でかつての苦行仲間五人に法を説く、いわゆる「初転法輪《しょてんぼうりん》」で成功をとげます。ただその物語も、もう一方のライバルである苦行主義者が釈迦牟尼を無視しようとした事例としてはじまります。

かつての苦行仲間五人は鹿野園で釈迦牟尼がやって来るのを見つけます。彼らは釈迦牟尼が苦行を放棄したことから、「贅沢で、修行を捨て、堕落した者」と軽蔑していました。それゆえ五人でひそひそと申し合わせて、「たとえ自分たちの前にやって来ても、挨拶する必要もないし、わざわざ立って出迎える必要もない。衣と鉢を受け取ることもやめよう。もし座りたいというのなら、席だけ設けてやろう」と約束します。「もし座りたいというのなら、席だけ設けてやろう」というくだりを見ると、ここにいてもかまわないが、存在を認めているわけではないという、新顔の仏教が伝統のある苦行主義者から無視された状況が伝わってきます。

「悪魔に関するもの」という初期の経典の中に、苦行を肯定する悪魔と否定する釈迦牟尼の対話を見ることができます。そこでは悪しき魔王が、

修行者たちは苦行によって浄められるのに、その苦行を行うことを離れて、浄くない人が浄いと考えている。清浄なる道を逸脱して。

とそそのかすのに対して、釈迦牟尼は、

乾いた陸地にのり上げた船の艫《ろ》と舵《かじ》が全く役に立たないように、不死を得るいかなる苦行も、ためにならないものであると知り、戒めと精神統一と智慧という菩提のための道を修め、私は最高の清浄に達した。破壊者よ！　おまえは敗れたのだ。

（パーリ相応部　悪魔相応　四・一・一）

と反論します。このことから見ても、まさに誰もが修行の主流が苦行であると考えている

ところに、仏教が「戒めと精神統一と智慧」（戒《かい》・定《じょう》・慧《え》＝三学《さんがく》）による修道によって身体と精神を修養し、覚りに導こうとする新しいタイプの教えとして出現したことがわかります。そしてそこには、当然、大きく立ちはだかる苦行主義の存在があったと考えなければなりません。先のウパカの物語とこの物語を続けて読むと、次にふれる「中道」の教えが認めないものの順番になって物語が構成されていることに気づきます。

はじめての説法

初転法輪の教え

ひそひそと約束を交わした五人の前に釈迦牟尼が近づくと、五人はそれぞれにその約束を守ることができなくなり、ある者は出迎えて衣と鉢を受け取り、ある者は席を用意し、ある者は足を洗う水を用意したと伝えられます。こうして着々と説法を聞く準備が整えられていきました。そしてはじめての説法をはじめることになります。

この出来事を伝統的に「はじめて教えの輪を転がす」という意味で「初転法輪」といいます。この最初の説法は記念すべき出来事ですから、その模様は「阿含・ニカーヤ」だけでなく、律蔵や仏伝文学の中にも伝承されていて、二十数種におよびます。同一の題材でこれほど多くの伝承があるのは、他に例を見ないといっても過言ではありません。もちろん、それぞれ伝承の系統によって説法の内容が異なり、そこから史実としての釈迦牟尼の説法を見出すことはできません。ここでは律蔵が伝え、最もよく知られている「初転法輪の教え」にもとづいて、釈迦牟尼のはじめての説法を考えてみましょう。

中道

「初転法輪の教え」はつづいて本題の説法へと入っていきます。まず説かれるのが修行者の心得ともいえる「中道」です。この「中道」は仏教の発展とともに解釈が変わっていきますが、初期の仏教が伝えようとしているのは、いわゆる「不苦不楽《ふくふらく》の中道」です。そこには次のように説かれています。

比丘たちよ、出家者は二つの「端《はじ》」に従うべきでない。二つとは何か。その〔一つは〕もろもろの欲において欲楽にふけることであり、下劣で、野卑で、愚か者の行いであって、聖にあらず、無益である。また〔一つは〕自ら疲弊《ひへい》（＝苦行）にふけることであり、苦であり、聖にあらず、無益である。比丘たちよ、如来が覚ったこれら二つの

「端」をはなれた中道が、眼となり、智慧となり、寂静、証智、正覚、涅槃《ねはん》に導く。
（パーリ律蔵大品 一・六・一七）

この説法の中で、二つの「端」というのは、欲楽にふける生活と苦行にふける生活という「両極端」を意味しています。快楽主義や苦行主義が横行する当時のインド思想界の中で、ブッダはそのどちらにも属さないという表明です。釈迦牟尼が苦行を捨てたことで、五人の仲間たちは「贅沢で、修行を捨て、堕落した者」と断定しました。「中道」は苦行を捨てることが、すなわち欲楽にふけることとなるという極端で間違った見方に対する反論であると同時に、仏教が目指す修行者のあり方を示しているのです。

ちょうどよい

「中道」を〝両極端を離れること〟とするこの説法は、私たちが各自で選び取らねばならない重要な「自己のあり方」を伝えようとしています。なぜならこの説法には「中道」の具体的な位置が示されていません。ただ漠然と〝両極端を離れること〟が「中道」であると語られ、決して具体的に限定されない、幅の広い道が示されているのです。さらにいうならば、欲楽と苦行という極端でさえ、どこから先を極端と考えるのかが示されていませんから、結果的には「中道」は無制限ともいえる幅をもつことになります。なんとも歯がゆい思いになる説法ですが、それは決してごまかしではなく、各自それぞれの「あり方」としての「中道」が説かれているのです。つまり、各自それぞれが、自分にとって〝ちょうどよい〟位置を取ることが「中道」だということです。

律蔵には修行に一生懸命になりすぎたソーナという修行僧をいさめる物語が出てきます。彼が足から血が出るほど過度に経行《きょうぎょう》（ゆっくりと歩く瞑想法）し、経行処の床が屠場のようになっていました。そこでソーナが在家者のときに琴を嗜《たしな》んでいたことを知った釈迦牟尼は次のように言います。

「ソーナよ、どう思うか。もしあなたの琴の弦が張りすぎていたならば、琴の音色は快く、妙なる響きを発するだろうか。」

「いいえ、そうではありません。大徳《だいとく》よ。」

「ソーナよ、どう思うか。もしあなたの琴の弦が緩すぎたならば、琴の音色は快く、妙なる響きを発するだろうか。」

「いいえ、そうではありません。大徳よ。」

「ソーナよ、どう思うか。もしあなたの琴の弦が張りすぎることもなく、緩すぎることもなく、ちょうどよい度合いをもっていたら、琴の音色は快く、妙なる響きを発するだろうか。」

「そのとおりです、大徳よ。」

「ちょうど同じように、ソーナよ、いき過ぎた努力はたかぶりをまねき、少なすぎる努力は懈怠《けたい》をまねく。それゆえ今、ソーナよ、あなたはちょうどよい努力を保ち、感官にちょうどよいところを知り、そこに目標を得なさい。」（パーリ律蔵大品　五・一六～一七）

この物語からもわかるように、「中道」というのは決して限定されたものでなく、各自が〝ちょうどよい〟ところを自分の目標として探さなければならないのです。健康のためにはじめたはずのスポーツが、過度になって身体を害することもあります。息抜きのためにはじめた趣味が、いき過ぎて生活を壊すこともあります。すべては自分自身にとって〝ちょうどよい〟位置を取らなくては上手くいかないのです。「初転法輪の教え」はその〝ちょうどよい〟位置についてさらに続けます。

八聖道

「初転法輪の教え」の続きを見てみましょう。

では比丘たちよ、眼となり、智慧となり、寂静、証智、正覚、涅槃に導く、如来が覚ったその中道とは何か。実にそれは「八聖道《はっしょうどう》」である。すなわち、正しい見解（正見《しょうけん》）、正しい考え（正思《しょうし》）、正しい言葉（正語《しょうご》）、正しい行為（正業《しょうごう》）、正しい生活（正命《しょうみょう》）、正しい努力（正精進《しょうしょうじん》）、正しい思念（正念《しょうねん》）、正しい瞑想（正定《しょうじょう》）である。これが実に如来が覚ったその中道であり、眼となり、智慧となり、寂静、証智、正覚、涅槃に導く。

（パーリ律蔵大品　一・六・一八）

このように各個人にゆだねられて固定化されない「中道」に対して、少し踏み込んだものが「八聖道」です。伝統的に「八つの聖なる道」と訳されますが、最近の原典研究をふまえると「聖者にとっての八つの道」と解釈すべきだと考えられています。八聖道が出てきて、やっと具体的に何かを示してくれたかと思いきや、よく考えてみると、この教えには「正しい」ということの説明がなく、結局、狐につままれたような気になってしまいます。そこで解説的に書かれた文献にその解釈を求めると、「正しい」とは、〝ブッダの正しさ〟であるというのです。しかし、ブッダになるための方法が、ブッダのもつ「正しさ」でものを見たり、考えたりすることだと説かれても困ってしまいます。

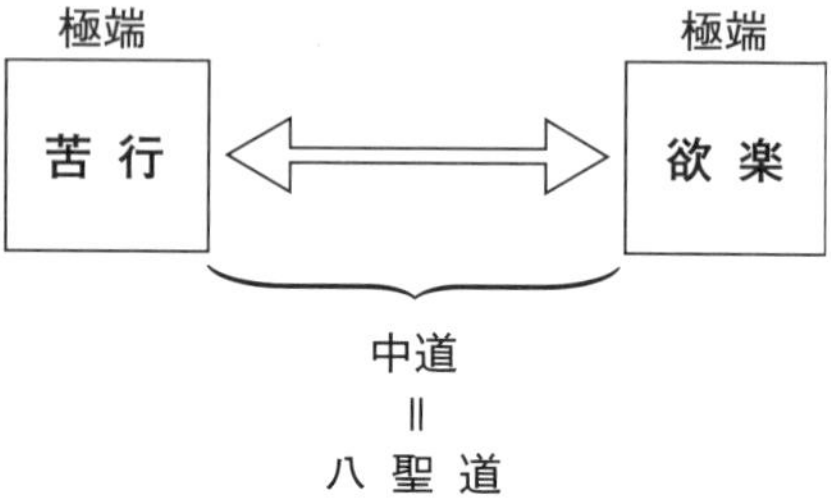

私たちにとって、それはあくまでも目標であって方法とはなりません。結局、究極の正しさを〝ブッダの正しさ〟とする幅の広い正しさの中で、自分にとっての正しさを見つけなければならないのです。「人としての正しさ」、すなわち社会の倫理、道徳にゆだねられる正しさから「ブッダの正しさ」までの広い範囲の中で、それぞれが今、自分にとって〝ちょうどよい〟正しさで行動しなければならないのです。そしてその「正しさ」は目的であるブッダの正しさに向かって向上していくものであって、固定されたものではないのです。

ファジーな仏教

私は仏教の特徴を表すのに、以前に流行語大賞を取った「ファジー」という言葉をよく使います。当時は「曖昧」という意味で使われたのですが、流行のもとをつくった洗濯機のコマーシャルが伝えたかったものは少し違っていて、「ファジー理論」という分類理論にもとづいたものでした。一般にものを分類する場合、例えば教室で学生を専攻別に分けると、「インド仏教専攻」対「日本仏教専攻」といった固定化された分け目ができます。

ところが、ファジー理論にもとづく分類法を用いると、分け目が固定化されないのです。

例えば教室で十人の男子学生に前に出てもらい、背丈の順に並んでもらいます。そして女子学生に彼氏にするならばどの背丈の人がよいかを問うとしましょう。もちろん答えは人それぞれで、分け目は固定化しません。この理論が洗濯機に応用されました。それまでは水の量が大・中・小、回転の速さも高・中・低の九通りだった機能を、汚れセンサーとマイコンによって、洗濯物「それぞれ」にちょうどよい水量や回転を選ぶ洗濯機ができたのです。

「初転法輪の教え」が伝える「中道」や「八聖道」はまさにこのファジーな教えの代表です。それは決して固定化することなく、〝それぞれ〟にしたがうものです。曖昧ともとれるその教えは、釈迦牟尼が覚った「ダルマ」(法)にもとづいています。すでに第五章で見たように、「ダルマ」は決して固定したものではなく、普遍的なものゆえに現実の世界で生きる人間に則して〝それぞれ〟に具体的に展開するファジーなものです。これらの教えはまさにそうしたダルマの特性にもとづいているのです。

はじめての説法（二）

「はじめての説法」として特化された教えには、仏教の基本的な教義が伝承されています。ひきつづき、「初転法輪の教え」にしたがって、「中道」、「八聖道」につづく「四聖諦《ししょうたい》」を考えてみたいと思います。

四つの真実

この「四聖諦」はよく「四つの聖なる真理」と現代語訳されますが、仏教では「真理」を表す言葉が多すぎて、それらの区別がつきません。この「真理」と訳される漢訳「諦《たい》」に対応するサンスクリットやパーリ語は、本来「現実・事実・真実」を意味し、あくまでも〝あるがまま〟の現実世界を示そうとしています。また、「聖なる」というのも、八聖道の場合と同じく「聖者にとっての」と解釈する方が正しいようです。したがって、「聖者にとっての四つの真実」という意味になります。その第一番目が「苦諦《くたい》」です。

「苦」という真実

まず「初転法輪の教え」を見てみましょう。

さらに比丘たちよ、実にこれが「苦」という聖者にとっての真実である。生まれることも苦しみであり、老いることも苦しみであり、病めることも苦しみであり、死ぬことも苦しみである。嫌なものと出会うのは苦しみであり、愛するものと別れるのは苦しみであり、求めることが得られないことも苦しみである。要するに、五つの体系に執着することは苦しみである。

（パーリ律蔵大品　一・六・一九）

ここには八つの苦しみが挙げられています。このうち、はじめの四つ、生まれること（生《しょう》）・老いること（老《ろう》）・病めること（病《びょう》）・死ぬこと（死《し》）を四大苦と呼び、私たちが決して逃れられない現実を表しています。この四大苦のうち老・病・死については、以前にふれた出家の動機の伝説、「四門出遊《しもんしゅつゆう》」のところに出てきました（九一頁参照）。そこでは、菩薩が、父の勧めで遊園に出発し、東の門から出て老人に出会います。同じように南の門を出て「病人」に、西の門を出て「死人」に出会い、老・病・死を目の当たりにすることになります。そして釈迦牟尼はその苦を克服するために出家していったと伝えられています。

もちろんこの伝説もこの苦諦の教えが確立してから、それに合わせて編纂されたものです。仏伝の編纂者たちは、老人や病人や死人をはじめて目にするという多少滑稽にも思える描き方で、私たちがもつ逃れられない現実を知らなかった若き菩薩を描きました。しかしそこには、頭で「当たり前」と考えられる老・病・死が、いざ自分のこととなると受け入れられない、真に理解しているとはいえない私たちの姿が伝えられているのです。あるがままに受け入れられないからこそ、「苦」として存在するのです。

嫌なものと出会う苦しみ（怨憎会苦《おんぞうえく》）、愛するものと別れる苦しみ（愛別離苦《あいべつりく》）、求めることが得られない苦しみ（求不得苦《ぐふとっく》）も四大苦に比べると少しレベルが違うものの、より日常に起こる苦です。読んで字のごとくの内容ですから、あえて説明の必要もないと思いますが、「求不得苦」は特に具体性のあるものではなく、四大苦と怨憎会苦、愛別離苦以外で、求めても得られないことから起こるその他の苦しみすべてを表しています。

五取蘊苦

私たちが非常に苦労するときに、よく「四苦八苦する」という言葉を使いますが、この言葉はもともと「苦諦」の教えに由来しています。生・老・病・死という四大苦とそれ以外の苦を合わせると八苦になるからです。ところが実際に「苦諦」として伝えられる教えは、右の「初転法輪の教え」に見たように、七つの苦と、それを総括する「五つの体系に執着する苦しみ」（五取蘊苦《ごしゅうんく》）という構造をもちます。

この「五つの体系」（五蘊《ごうん》）とは、よく『般若心経』などで耳にすることのある色《しき》・受《じゅ》・想《そう》・行《ぎょう》・識《しき》という五つのことです。以下にそれぞれについて見てみましょう。

まず「色」は物質を意味し、広義には私たち自身の外にある物質的なもの、例えば机や椅子や本など、客体となる対象物すべてを表します。また狭義に人間という範囲で考えれば、物質は心に対するものとして、身体《からだ》を意味することになります。

「受」は本来、外界の対象物（色）を感覚器官を通して受け止める受信作用を意味します。少し後れて定着した解釈では、肉体で感受する快・不快の感覚と、精神で知覚的に感じる苦・楽などがあるとされ、いわゆる感受作用を意味するものとなりました。

「想」は受け止めた「受」からその姿（表象）を描く作用のことで、またその姿そのものも意味します。

「行」は「想」で描き出された姿を判断するために、過去の経験や知識というすでに培《つちか》われたものと回路をつないで調整し、判断基準を形成する作用のことです。

「識」は「行」で調整された判断基準となるものによっ

四大苦	生　苦	＝五取蘊苦
	老　苦	
	病　苦	
	死　苦	
	怨憎会苦	
	愛別離苦	
	求不得苦	

苦諦の図

て最終的に認識する作用と考えればよいでしょう。

この五蘊に近い脳の働きを現代の脳科学も証明しています。第六章（一三七頁参照）でもふれたジル・ボルト・テイラーの著書でも左脳の構造として五蘊に近いそれぞれの働きがあることが記されています。彼女は、脳卒中で左脳の機能が衰えていく中で助けを呼ぶためにとった自身の行動と、その時の脳の働きを分析しました。

まず、知り合いの医師に連絡するために電話番号を探そうとします。やっと見つけた名刺ですが、そこにある数字は黒い点の連続にしか見えなかったといいます。脳内では視覚野だけが働いていて理解にまで届かないのです。この場合、名刺が外界の対象物「色」で視覚野が「受」と考えられます。さらに見つづけていると、たまに働く別の脳機能によって、その点が形に見えはじめました。しかしそれがもつ意味までは理解できません。この状態が「想」にあたります。さらに見つづけると、また別の脳機能によってその形が数字として意味づけできました。彼女によると言語野が働き、それまでの知識と結びついたと考えられるといいます。これがちょうど「行」にあたります。そして最終的に判断を下して電話できることになりました。まさに「識」の作用にまで行き着いたのです。

普通の人間なら一瞬の出来事ですが、左脳が止まりかかっていた彼女には四時間半もの時間がかかったといいます。しかしそのお陰で私たちが外界の対象物を認識するまでにさまざまな脳の部分を使っていることがわかりました。その分析結果とほぼ同じことが二千年以上も前からブッダの覚りとして伝えられていることに驚きを隠せません。

以上が五蘊のおおまかな説明ですが、五蘊のもつ意味は「色」の解釈次第で変わってきます。「色」の説明で触れたように、広義に解釈すれば「色」は物質一般を意味することになり、私たちを取り巻く外界の対象物（客体）を表します。この場合、残りの四つ、「受・想・行・識」がそれを受け入れて認識する私たち（主体）を指すことになり、五蘊は客体と主体の関係で成り立っているすべてのもの（一切法《いっさいほう》）を意味することになります。一方、「色」を狭義に解釈した場合、物質とは「受・想・行・識」という精神面に対して肉体面を示すものとなり、五蘊は身体と心として人間存在そのものを説明する用語となります。

このどちらの解釈を取るにせよ、人間も含めてあらゆるものは「五蘊」に分析されるものです。それらが仮に結びついて、そのつどあらゆるものを形成しているわけですから（五蘊仮《ごうんけ》和合《わごう》）、そこには恒常で不変な絶対性などありません。

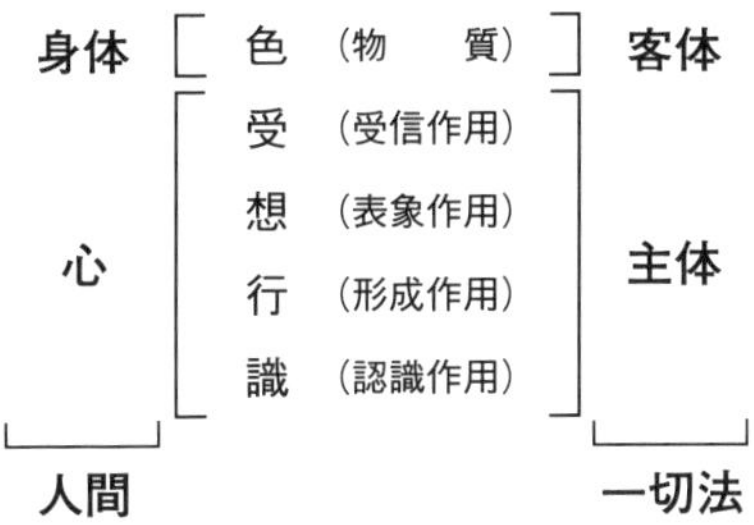

五蘊の図

五取蘊苦が苦諦の総括となるのは、そのような無常で無我なものを不変なものと見誤って、私たち自身に都合のよい思いを抱いて執着し、すべての苦しみを生み出しているという現実を明かしているからに他なりません。

明らめる

このように「苦諦」というのは、私たちが頭で理解はできても、本当の意味で知ることのできない現実、事実をあるがままに分析したものです。この現実、事実をあるがままに分析することを中国では「つまびらかにする」という意味の「諦《たい》」と訳しました。私たちはよく「諦《あきら》める」といいますが、その「諦」がもつ本当の意味は決して消極的なものではなく、〝明《あき》らめる〟という正しい現実把握のことなのです。

はじめての説法（三）

苦の原因という真実

つづいて「苦集諦《くじったい》」に進みたいと思います。「苦集諦」の「集」と漢訳される語は、サンスクリットやパーリ語では「集め起こすもの」を意味する語で、「原因・起因」と理解しなければなりません。したがって「苦集諦」は「苦の原因という真実」という意味になります。まず「初転法輪の教え」を見てみましょう。

さらに比丘たちよ、実にこれが「苦の原因」という聖者にとっての真実である。それは、さらなる生存をもたらすものであり、悦びと貪りをともない、そのたびに歓喜する「渇愛《かつあい》」である。

（パーリ律蔵大品　一・六・二〇）

この教えの中で、苦の原因として導かれた「渇愛」とは〝欲〟のことです。漢訳では「愛」の一字で表されることもあるので、私たちが日常的に使う愛情の意味と誤解し、仏教があたかも愛情を否定しているかのように勘違いしている人をたまに見受けます。しかし原語は「渇く」という動詞から派生した語で、喉が渇いたときに水を貪るように求める「渇望」を意味しており、あくまでも〝欲〟という意味で理解すべきものです。「初転法輪の教え」は、そのような「渇愛」が「苦」の原因だと教えているのです。

求不得苦

では、なぜ、「渇愛」が「苦」の原因となるのでしょうか。「初転法輪の教え」が伝える「苦諦」は、先に説明したように、生・老・病・死という四大苦に、怨憎会苦・愛別離苦・求不得苦の三つを加え、それらを総括して五取蘊苦があるという構造になっていました（一六一頁、苦諦の図、参照）。その構造から考えると、それらの原因をすべて「渇愛」とする「苦集諦」は理解しにくいのですが、「初転法輪の教え」よりも古い四聖諦の伝承を見ると、その関連がよく理解できます。

パーリ文『大象跡喩経《だいぞうしゃくゆきょう》』の中に残る、より古い「苦諦」の教えを見てみましょう。

友よ、何が「苦」という聖者にとっての真実であるのか。生まれることも苦しみであり、老いることも苦しみであり、死ぬことも苦しみであり、憂い・悲しみ・苦痛・悩み・悶えもまた苦しみである。求めることが得られないこともまた苦しみであり、要するに、五つの体系に執着することは苦しみである。（大象跡喩経　パーリ中部経典　二八）

ここではまず「病苦」を除いた生・老・死の三大苦、そして、憂・悲・苦・悩・悶と形容されるような他の苦しみをあげます。注目すべきところは、怨憎会苦と愛別離苦はないものの、「求不得苦」がすでに伝承されていることです。私たちは苦諦の内で四大苦が最も早く成立したと考えがちですが、この伝承を見るかぎり、「求不得苦」も生・老・死苦とともに古くからすでに伝えられていることがわかります。

では、この「求不得苦」は本来何を伝えようとしていたのでしょうか。一般的な辞書や入門書は、前に説明したように、「四大苦、怨憎会苦、愛別離苦以外で、求めても得られない他の苦しみ全般を表すもの」としています。ところが、この古い伝承にもとづく解説を「阿含・ニカーヤ」に求めると、

「求めることが得られないこともまた苦しみである」というのは何か。友よ、生まれるという法則をもつ生きものには、次のような願望が生ずる。「ああ、実にわれらが生まれるという法則をもつものとならないように。また、われらに生まれることが来ないように」と。しかしこのことは求めても達せられない。これが「求めることが得られないこともまた苦しみである」といわれるのである(以下、老いの法則をもつ生きものには……、死の法則をもつ生きものには……、憂い・悲しみ・苦痛・悩み・悶えという法則をもつ生きものには……と、繰り返す)。

(真実分別経　パーリ中部経典　一四一)

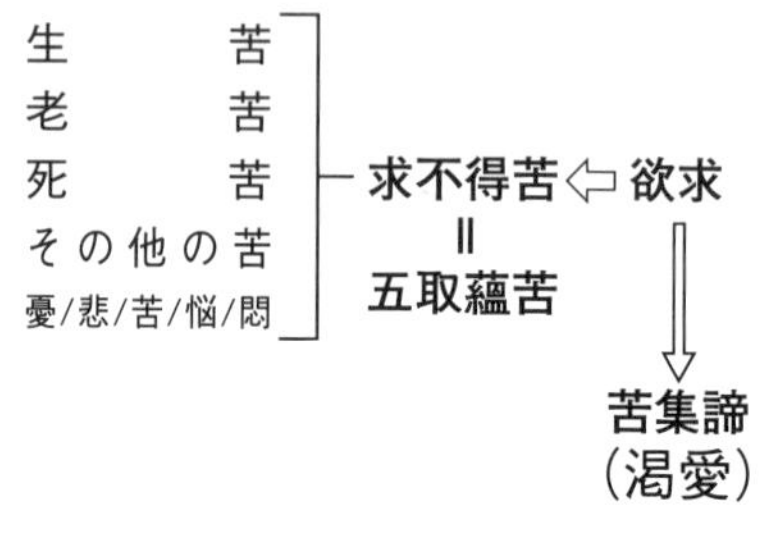

苦諦の図 2

とあって、「求不得苦」が一般的な理解とは違って、生・老・死などの苦のあり方を総括するものとしてとらえられています。そして、生・老・死などの法則に反して、そうでないものを求める「欲求」が苦をつくり出す原因であることを説いているのです。

「求不得苦」をこのようにとらえれば、「苦集諦」が「渇愛」を苦の原因としたことがよく理解できます。つまり「苦集諦」は、現実の法則、すなわち〝ものごとのあり方〟に反して、そうでないものを「欲求」することを、渇きから貪るように求める「渇愛」と表現したのです。まさに渇望するから「渇愛」であり、現実をあるがままに受け入れられない〝我欲〟のことなのです。上手い例えになるかどうかわかりませんが、ストーカー行為を考えてみるとよいと思います。それは苦諦で説かれた「愛別離苦」という現実をあるがままに受け入れられずに、〝ものごとのあり方〟に反して自分勝手に渇望する渇愛そのものの姿といえるでしょう。

苦の止滅という真実

「初転法輪の教え」はつづいて「苦の止滅という真実」を説きます。これが「苦滅諦《くめったい》」です。

さらに比丘たちよ、実にこれが「苦の止滅」という聖者にとっての真実である。それはまさに、その渇愛を残り無く離れた止滅であり、捨てることであり、排除することであり、脱することであり、執《とら》われないことである。　　（パーリ律蔵大品　一・六・二二）

ここでは、先に苦の原因として導かれた「渇愛」の止滅が「苦の止滅」であると、当然のことが説かれているに過ぎません。新たな別の段階を期待して読むと拍子抜けに思えますが、それが「苦滅諦」の重要なポイントです。ここで「苦滅諦」によって導かれるのは「苦諦」と切り離された別の世界ではなく、「苦集諦」を〝知る〟ことで導き出される「苦諦」と同じ世界での、表裏一体の真実なのです。

「苦諦」は生・老・病・死をはじめとする「苦」があるという現実を説いていました。そこには私たちが頭ではわかっているものの、いざという時には理解できない現実が示されていました。すなわち、「苦諦」は〝自覚なき現実の世界〟を教えたものです。そしてその原因を求めた「苦集諦」では、〝自覚なき現実の世界を起こす原因〟が明らかにされました。その原因を知ることによって、同時に「苦滅諦」が成立します。苦の原因がわかれば、連鎖して同時に苦を滅することができるのです。例えば夜中に窓際でガサガサと物音がして怖い思いをすることがありますが、風が原因だと知った瞬間にその恐怖は取り除かれます。同じように「苦滅諦」も、「苦集諦」の理解によって直ちに達成されうる〝自覚する真実の世界〟を表しているのです。

「苦諦」が説く〝自覚なき現実の世界〟と「苦滅諦」が表す〝自覚する真実の世界〟とは、原因である「苦集諦」を〝知らない〟か〝知る〟かという表裏一体のものでしかありません。ブッダはすでにそれを知っています。したがってブッダにとって「苦滅諦」は覚りそのものですが、頭で理解できてもそれを知り得ない私たちには、〝知る〟という遠い目的に向かって歩みはじめるスタートラインとなるのです。そしてそれを〝知る〟ための行動が次に説かれる「苦滅道諦《くめつどうたい》」です。

苦の止滅に導く方法という真実

「初転法輪の教え」は最後に「苦の止滅に導く方法という真実」を説きます。これが「苦

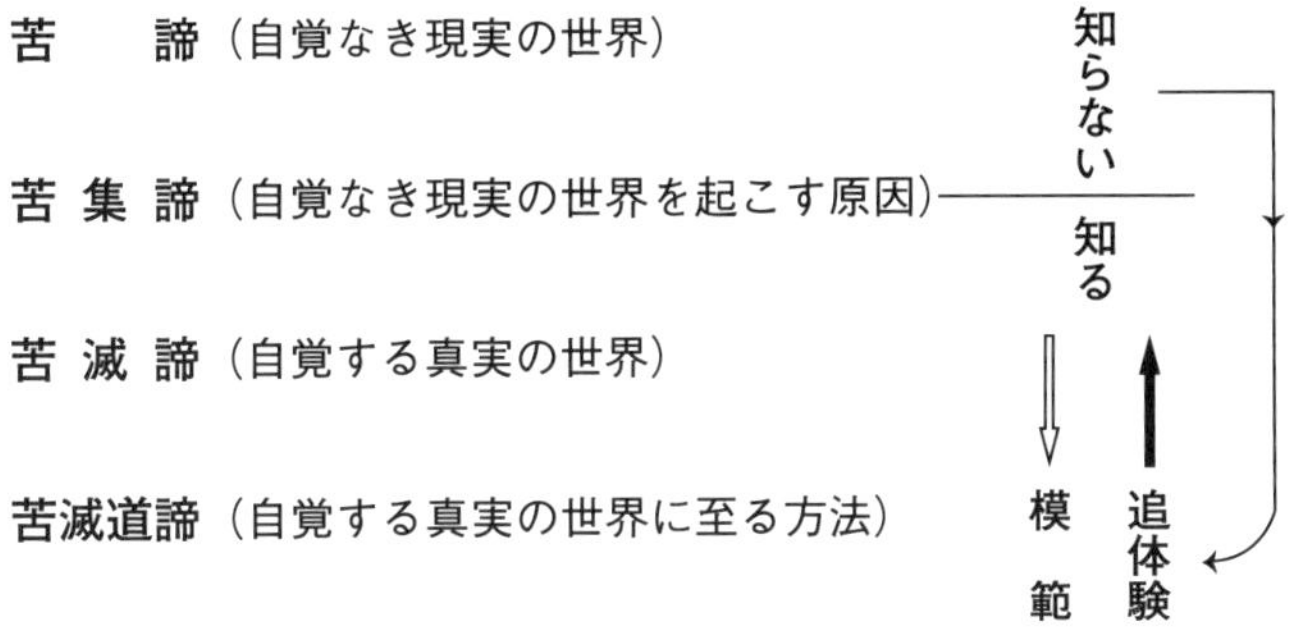

四聖諦の図

滅道諦」です。

さらに比丘たちよ、実にこれが「苦の止滅に導く方法」という聖者にとっての真実である。実にそれは「八聖道」である。すなわち、正しい見解（正見）、正しい考え（正思）、正しい言葉（正語）、正しい行為（正業）、正しい生活（正命）、正しい努力（正精進）、正しい思念（正念）、正しい瞑想（正定）である。

（パーリ律蔵大品　一・六・二二）

このように「苦の止滅に導く方法」は前半に説かれた「八聖道」の教え（一五四頁参照）だと導いて、全体の教えを結びます。すでに述べたように、ここにいう「正しさ」とは「ブッダの正しさ」を究極のものとします。それは「知った者」、すなわちブッダが自覚する究極の正しさであり、私たちの模範となるものです。

仏教は私たちに頭で理解できる入り口を見せ、はるか彼方に、そのことを真に「知る」ブッダの姿を〝模範〟として示します。私たちはその模範に学んで、それを追体験すべく、社会の倫理、道徳にゆだねられる「正しさ」のレベルからはじめて、「ブッダの正しさ」を目指さなければならないのです。

第八章　二人して一つの道を行くなかれ

群れない修行者

阿羅漢

サールナートで行われた「はじめての説法」の内容を見るのを終え、ここからは、律蔵《りつぞう》がつづいて伝承している物語に目を向けてみたいと思います。

伝説では「はじめての説法」を聞いた五人の仲間たちの中で、はじめにコンダンニャに汚れなく真実を見る眼が生じたといわれます。「おお、コンダンニャが理解した、おお、コンダンニャが理解した」と、釈迦牟尼《しゃかむに》が喜びの言葉を発した有名なくだりです。さらに他の四人も順々に釈迦牟尼の説法を理解していき、執着がなくなって、煩悩から解放されていきました。そして、世に六人の「阿羅漢《あらかん》」が出現したというのです。

この「阿羅漢」という語は、私たちには「羅漢《らかん》さん」として親しまれています。原語の「アルハット」は「価値あり」という動詞から派生した〝立派な人〟という意味で、仏教はもとより、ジャイナ教などでも使われていました。ブッダを尊称する十種の呼び方（如来の十号）の中にも入っており、もともと「聖者」を表す呼び名の一つです。この「世に六人の阿羅漢が出現した」という場合の「阿羅漢」も、まさにその「立派な人」、「聖者」という意味で、ブッダである釈迦牟尼と他の五人を対等に尊称していることがわかります。

ところが時とともに、特に仏弟子たちの時代になると、「阿羅漢」は本来の意味を離れて、「この生涯をもって解脱《げだつ》をはたし、二度と生まれることのない境地に達した人」を意味する、修行の最終目標を示す語となりました。それは原語「アルハット」が本来の意味から離れて、「生まれない」（不生《ふしょう》）という意味で俗解されていることからもわかります。すなわち「阿羅漢」の境地を得て、輪廻《りんね》に終止符を打つことが仏弟子たちの究極の目標となったわけです。それはこれ以上学ぶ必要のない段階に到達することで、「無学《むがく》」といわれ、その意味では「ブッダ」（覚《さと》った人）と同じになります。しかし、仏弟子たちがブッダを目指すのではなく、あえて阿羅漢を目指した背景には、もはや教主という存在を離れ〝救済者〟という信仰の対象となり、人々が決して到達することのできない者となったブッダの存在があるのです。「初転法輪の教え」を締めくくる「世に六人の阿羅漢（聖者）が出現した」という伝承は、まだブッダと仏弟子たちを分け隔てない、ほのぼのとした当初の仏教の姿を再確認させてくれます。

ヤサの出家

五人の弟子を得た釈迦牟尼は、つづいてサールナートのあるベナレスでヤサ（耶舎《やしゃ》）という青年に出会います。ヤサは大富豪の商家の息子で、冬、夏、雨季のためにそれぞれの宮殿をもち、女性たちにかこまれて生活していました。ある晩、目が覚め、先程まで自分を魅了していた女性たちの寝姿を目の当たりにしてしまいます。この部分の描写はあからさまで、女性読者の反感をかうかもしれません。ある者は鼓を抱え、ある者は髪を乱し、ある者はよだれを流し、寝言を言っているなど、千年の恋もさめる状況がつづられています。ヤサはそれを見て、そのような女性に魅了され、愛欲の中で過ごしていた自分自身に嫌気がさして、夜中に家を飛び出し、途中で釈迦牟尼に出会い教化されます。

その頃、ヤサの姿が見えなくなったのを知った母は、慌ててヤサの父にそのことを告げ、捜索がはじまります。父がヤサを捜してやって来るのを見た釈迦牟尼は、神通力でヤサの姿を見えなくしておいて、父を座らせ、説法をして教化します。ヤサの父はその教えに感激して帰依し、男性の在家信者（優婆塞《うばそく》）となることを願い出ます。そこで釈迦牟尼は神通力を解いてヤサを父に会わせます。父はヤサに母のために家にもどるよう懇願しますが、「すでに教化されて執着がなくなり、煩悩から解放された者が今さらもとの生活にもどることはできない」と釈迦牟尼に告げられて、息子の出家を認めることになります。そして翌朝、釈迦牟尼を食事に招き、そこで母もまた女性の在家信者（優婆夷《うばい》）となります。さらには、ヤサの友人であるベナレスの商人会の代表と副代表の息子たち四人も出家することになり、これで十一人の阿羅漢が世に現れることになりました。

若き弟子たち

さて、このヤサの出家の物語は、すでに出家していた人ではない、一般から仏教教団へのはじめての出家のようすを伝えています。そこには女性のあられもない姿を露骨に表現した伝承も含まれていて、仏教の女性観という点からもいろいろと議論になるところです。しかし、この物語もまた「律蔵」の中で伝承されていることを考慮して、教団の運営という観点から、当時の社会の状況をふまえて読み解かなければなりません。

この物語では、まずヤサの父が在家信者となります。そして父の同意を得てヤサの出家が認められます。さらに母が在家信者となって、後に「四衆《ししゅう》」といわれる「男性の出家者」（比丘《びく》）、「女性の出家者」（比丘尼《びくに》）、「男性の在家信者」（優婆塞）、「女性の在家信者」（優婆夷）のうちの三つがこの時点で揃うことになります。多くの研究は優婆塞、優婆夷という在家教団の成立を告げる伝承としてこの物語を重要視しますが、さらにここで注意して読み取らなければならないのは、息子であるヤサが出家して、父が在家信者として家に残るということです。それは当時の社会で認められていた出家の形態にあてはまらない、異例のことだといえます。

例えば有名な『マヌ法典』には婆羅門《ばらもん》の生活を規定する項目がありますが、その中で出家にあたる「林住期」を、「顔に皺《しわ》がより、白髪となり、孫を見るにいたって森林に赴くべし」と規定しています。すなわち当時のインド社会では、財を蓄え、子育てを終え、次世代までの家系の安定が保障されてはじめて出家できたのです。『マヌ法典』の成立は釈迦牟尼の時代より少し下りますが、このような慣習はそれ以前より定着していたと考えられますから、ヤサの父でさえ、まだ出家が認められる状況ではなかったのです。ましてや未婚の青年であるヤサが親をさしおいて出家するなどということは、異例中の異例という他ありません。

律蔵の別の場面、王舎城《おうしゃじょう》では、釈迦牟尼が近づいてくると、人々が「沙門《しゃもん》ゴータマが子供をさらいに来た」と罵《ののし》る場面が見受けられます。ヤサの出家の物語は、そのような一般社会の既成概念を打ち破って、若者の出家を促していた仏教の姿をうかがわせます。当時の社会的リーダーともいえる大富豪の商家が、父の同意で息子を出家させ、さらに両親はサポーターというべき在家信者となりました。また、つづいて出家したヤサの友人たちも、ベナレスの商人会の代表や副代表の息子たちでした。すなわち、影響力の大きい社会的リーダーたちのこうした行動を前例として示すことで、当時の既成概念を打ち破って、悩み多い若者の出家を促していたのです。

このように見ると、ヤサが家を飛び出した理由として、あえて露骨に女性の寝姿を描いたことも理解できます。すべてのものが自分の思いどおりではないという「諸法無我《しょほうむが》」や「諸行無常《しょぎょうむじょう》」を説く仏教ですが、それは決して老いや死に悩む人だけに向けられたものではありません。血気盛んな若者にとっては老いや死など、まだまだ実感できるものではないのです。彼らの世代の悩み事で第一となるのは、もっぱら異性の問題です。それもまた決して思いどおりにならない大問題であり、若者が実感できる最大の苦悩に他なりません。ヤサの物語はその無我であり無常である異性の姿をあからさまに描いて、若者たちにも実感できる題材を与えようとしたのです。

さらに、このヤサの出家の物語は釈迦牟尼自身の出家ともかかわっています。実際には釈迦牟尼の出家もまたヤサと同じように社会的には認知されないものだったと考えられます。たとえ息子のラーフラが生まれていても、誕生後すぐの出家は家出に近い行動でしかありません。このヤサの出家にまつわる女性の描写は、後に釈迦牟尼自身が苦悩した若き時代の物語として焼き直されて伝承されていきます。そこにはヤサの出家よりももっと説得力のある釈迦牟尼自身の若き日の苦悩を前例として示すことで、若者たちに「諸法無我」や「諸行無常」を気づかせようとした仏教の姿があるのです。

犀のように

ヤサの出家はさらに彼の友人五十人におよび、最終的に六十一人の阿羅漢が出現したと、律蔵中の仏伝は伝えます。ところが、釈迦牟尼は彼ら六十人の比丘たちと行動をともにすることなく、人々の利益、安楽のためにそれぞれ遍歴伝道の旅に出るように促します。そして、自分はウルヴェーラーにもどると宣言します。「二人して一つの道を行くなかれ」という言葉はその際の有名なものです。

最初期の仏教の伝承を保っているとされる『スッタニパータ』という文献には、出家者が一人歩むべきことを「犀《さい》」に例えた章があります。一般にはパーリ語の註釈にしたがって「犀の角」の例えとして有名ですが、この原語「カッガ・ヴィサーナ」を「犀」と訳すか、「犀の角」と訳すかは学問上まだ議論がつづいています。後分の「ヴィサーナ」は「角」を表しますが、前分の「カッガ」の第一義は「剣」という意味で、二義的な意味で

「犀」を表します。パーリ語の註釈は後者の意味をとって「犀の角」とし、「一人歩む」ことをインドの犀の特徴である〝一角〟で例え、「犀の角のように一人歩め」としています。

ところが、仏教特有のサンスクリット語を研究したフランクリン・エジャートンは、本来この語は第一義で理解すべきもので、「剣のような角をもつもの」という意味から、それ自体が「犀」を表す語だという異議をとなえました。後にこの語の省略形として前半の「カッガ」だけで「犀」を意味する第二義ができたのであって、そのもとなった語を「犀の角」と訳すのはおかしいというのです。それならば「犀」が草原で群れをなさずに単独で生きていることを例えにし、「犀のように一人歩め」と言ったものだと解釈できます。確かに「一人歩む」ことの例えは他で「森に住む象のように」となっている詩句もあり、〝群れない〟という例えとしては、エジャートンの考えにも一理あるような気がします。『スッタニパータ』の「犀の章」には四十一の詩句が集められていますが、その中から、いくつか紹介しておきましょう。

同伴者の中では、休むにも、立つにも、行くにも、旅するにも、文句がつく。干渉されることのない独り立ちを望むなら、犀のように一人歩め。

（スッタニパータ　四〇）

群れることに喜びをもつ人には、一時的な心の落ち着きすらありえない。太陽の末裔（釈迦牟尼）の言葉を心がけて、犀のように一人歩め。

（スッタニパータ　五四）

声に驚かないライオンのように、網に捕まらない風のように、水に汚されない蓮のように、犀のように一人歩め。

（スッタニパータ　七一）

このように犀の例えで表わされる教えは、群れてしがらむ世間に惑わされず、各自で遊行する当時の修行者のあり方をよく伝えています。このような犀の例えはジャイナ教聖典にも同じように残っており、もともとは当時の聖者たちの理想の姿だったのでしょう。「二人して一つの道を行くなかれ」という言葉には、まさに釈迦牟尼の教えにしたがって、群れることなく、一人一人が自立しながら遍歴伝道を行っていた当時の聖者のようすがよく伝えられています。そこには必要なときに釈迦牟尼のもとに集まる〝集い〟はあっても、まだ「教団」と呼ばれるような団体のイメージはありません。

第九章　教団の成立

ウルヴェーラーにもどる

既婚の若者の出家

釈迦牟尼《しゃかむに》も彼ら六十人の比丘たちと行動をともにすることなく、もといた苦行林、ウルヴェーラーにもどることを宣言し、場面はベナレスから二百五十キロもはなれたウルヴェーラーに移っていきます。律蔵《りつぞう》ではウルヴェーラーに向かう途中、釈迦牟尼が三十人の若者を新たに出家させる物語が伝えられます。

彼らは妻のいる既婚者で、それまでに出家したヤサたちのような未婚の若者とは立場の違う人たちです。ただこの物語には、これまでの伝承のような「〇〇人の阿羅漢《あらかん》が世に現れた」という締め括りの文句がなく、また、ある森での出来事として特定の地名が伝えられていません。それゆえ、ベナレスの物語からつながった一連の出来事とは思えない伝承です。既婚の若者の出家という新たな事例が必要になったために、後に加えられた物語だと見るべきです。もともとの伝承は、ベナレスからウルヴェーラーに唐突に場面がもどってしまう継ぎ接ぎ的な伝承だったと思われます。

カッサパ三兄弟

では、そのウルヴェーラーに帰ってからの出来事を概説しておきましょう。ウルヴェーラーには髪を法螺貝《ほらがい》のように結い、火を信奉するウルヴェーラ・カッサパという婆羅門《ばらもん》が五百人の弟子とともにいました。釈迦牟尼は彼のもとを訪れて、聖火堂に泊めてほしいと頼みます。カッサパは聖火堂には凶悪な龍王が住んでいて危険だが、それでよければ自由に使ってもかまわないと、釈迦牟尼の申し出を受けます。夜になるとその龍王は火炎を吐いて釈迦牟尼に襲いかかります。しかし釈迦牟尼も神通力で火炎を放ち、その力で龍王の火力を消耗させ、壺に入れてカッサパに差し出します。

またカッサパは、ある夜に、釈迦牟尼の教えを聞きに来た四天王によって辺り一面が輝いているのを目の当たりにします。また、ある時は鉄砲水が釈迦牟尼を避けて流れているのを目の当たりにします。このような数多くの神変《じんぺん》（奇跡）を繰り返し見せられますが、カッサパは自分も聖者だと自負してやみません。そこで最後に、「汝は聖者ではない。また聖者の道に到達していない。汝が聖者となり、また聖者の道に到達する実践が汝にはない」と諭《さと》されて、結局、カッサパとその弟子五百人が釈迦牟尼に弟子入りします。

彼らは髪を切り、拝火の道具類とともに河に流してしまいます。河下にいた弟のナディー・カッサパは流れてきた兄の髪や道具を見て心配になり、兄を訪ねてやって来ますが、兄にしたがって三百人の弟子とともに改宗します。そして末っ子のガヤー・カッサパとその弟子二百人も同様に改宗することになります。

これが経典の冒頭で、「世尊（ブッダ）は千二百五十人の比丘たちとともに○○におられた」と伝承される比丘たちのうち、千人の内訳です。一転して団体行動がはじまるこの大教団成立の伝承には、これまでと全く違う異質なものを感じてしまいます。アンドレ・バローは、このカッサパ改宗の物語が後に付加されたものだと考えました。この物語が説法による教化ではなく、神変を見せることによって改宗させるという他に用例を見ない特殊な伝承だからです。ウルヴェーラーとベナレスの間を行き来するためには、必ず王舎城《おうしゃじょう》を経由しなければならないと考えていた彼は、もしこの物語がなかったら、釈迦牟尼はベナレスから直ちに王舎城に入城したことになり、再びウルヴェーラーへもどる必要がなくなると考えたのです。そして最終的に、ウルヴェーラー付近に伝わっていたカッサパの奇跡を語る民話が釈迦牟尼を主人公にした物語に仕立て直され、後に加えられたのではないかという仮説を立てました。この物語の奇跡的な内容からみて、時代性が違うと考えることに異論はありませんが、王舎城を経由しなくてもよい道筋もあり、また民話までの想像にいたると私たちには検証する手立てがありません。

このカッサパ改宗の物語が今までと違うのは、なにも神変を使った教化ということだけではありません。カッサパは初の婆羅門教からの改宗者だということを忘れてはいけません。しかも婆羅門の哲人というよりは、大教団を従え、拝火の儀式を行う有名な行者として伝えられています。この物語は、そのような自らを聖者だと自負して儀式にどっぷりと漬かっている婆羅門に、聖者とは何かを気づかせて弟子にした物語です。律蔵は必要に応じて、さまざまな出家者や改宗者の例に対応していきましたが、ついに民衆の信奉を最も集めていた婆羅門の改宗のようすを伝えたのです。

序説でもふれたように、釈迦牟尼の姓にあたる「ゴータマ」はアンギラスという火を司る聖仙を祖先とする一族の名称でした（一九頁参照）。釈迦牟尼が火炎の術で龍王を打ち負かしてカッサパを調伏《じょうぶく》する話も、このゴータマ姓のもつイメージから当然考え出すことができ、バローが考えるような別の民話を想定する必要はありません。婆羅門教は基本的には拝火の儀式を行って信仰を集めている宗教です。ゴータマ姓からイメージされる火を司る聖仙の呪術的な神変によって、そのような婆羅門が弟子になっていく物語は、むしろ彼らを信奉している人々に衝撃があるように説かれたと考えられます。

ただ、仏教がこのような伝統的な儀式を行う婆羅門を取り込んだがゆえに、その地域の信者たちとの関係が生まれ、しがらみなく犀《さい》のように歩む仏教に変化をもたらしたことは否定できません。もともと彼らが得ていた崇拝から、特定の地域に支えられた大きな勢力が生まれ、それまでとは全く違う大教団が成立していくことになります。そこに時代性の違いを読み取るべきだと思います。

王舎城にて

律蔵の伝承では、釈迦牟尼はこの千人の弟子とともにガヤーシーサ山に滞在した後、マガダ国の首都、王舎城に遊行し、ラッティ林園にやってきます。ビンビサーラ王はそのことを聞いて、婆羅門や資産家を引き連れて面会に赴きました。ウルヴェーラ・カッサパが率いる教団は王舎城では有名で信奉者も多かったので、人々は釈迦牟尼とカッサパのどちらが師匠で、どちらが弟子なのかわからなかったといわれます。しかし釈迦牟尼の教えを受けて儀式が無意味なことを知ったカッサパが弟子になったことを聞いて、一斉に釈迦牟尼の信者となっていきました。ビンビサーラ王もマガダ国での根拠地となる竹林精舎《ちくりんしょうじゃ》を寄進し、教団のための医薬品や袈裟《けさ》をつくる布などの必需品を一手に引き受ける大スポンサーとなりました。

この物語を見ていると、ウルヴェーラ・カッサパはまさに仏教が信者を獲得するための広告塔だったと考えられます。マガダ国でも有名な拝火儀礼を司る婆羅門の大教団が、そのまま釈迦牟尼の弟子となった物語は、さぞかしセンセーショナルな話題を提供したことでしょう。ましてやマガダ国王までが帰依したとなると、このカッサパ改宗の物語は仏教がインドで勢力を拡大していく礎《いしずえ》となる重要なものだったはずです。

また、この物語は時をこえて仏教教団の広告塔となる素地をもっていました。時代を経た紀元一世紀頃、ガンダーラ地方で教団を維持拡大していく仏教は、拝火教徒であるクシャーン人と向き合うことになります。火を信奉し、髪を法螺貝のように結ったカッサパが釈迦牟尼の弟子となったこの物語は、クシャーンの人々を改宗させる格好の事例となったはずです。結果的に仏教は、まるで先に見た王舎城での物語のように、ガンダーラでクシャーンの人々に支えられ、国王であるカニシカ王の擁護を受けて発展しました。はじめて仏像が造られ、大乗仏教の源流を興して、世界宗教への道を踏み出していったのです。

舎利弗と目連

二大弟子の伝承

ここまで教団の成立をめぐり、成道《じょうどう》後から千人の大教団が出来上がるところまでを律蔵を中心とした伝承で見てきました。そのような教団成立までの物語が、もともと「阿含・ニカーヤ」には伝承されていなかったからです。ブッダとしての伝説を伝える「大譬喩経」の〈毘婆尸《びばし》仏伝〉では、樹下成道の後、すぐさま二大弟子と呼ばれる二人に「はじめての説法」を行ったことが簡素に語られます。そこには律蔵が伝えるような五人の苦行仲間や、ヤサたち若者の出家や、婆羅門カッサパの改宗に対応する伝承はありません。それゆえ、この文献から想像できる最初期の釈迦牟尼のグループは、舎利弗《しゃりほつ》と目連《もくれん》という二大弟子を中心としたささやかなものでしかありません。

律蔵は教団維持の必要に応じて、このようなブッダの伝説では不足となる改宗や出家を促すためのさまざまな物語を加えていったと考えられます。したがって、律蔵が伝える伝承は釈迦牟尼の伝道の過程ではなく、むしろ教団が変遷していく過程として見るべきもので、時代を同じくした一連の出来事ではないのです。そのように考えれば、釈迦牟尼の伝道の道のりが、結果的に不可解になったことも理解できます。

もちろん律蔵が伝える仏伝と経典の伝承、そのどちらが史実をより多く含んでいるかは、にわかに判断できるものではありません。しかし、「大譬喩経」の〈七仏の事項〉がいち早く名前を挙げ、つづく〈毘婆尸仏伝〉がその情報にもとづいて「はじめての説法」の相手とした二大弟子は、その時点で唯一重要な弟子として知られていた人物だと考えなければなりません。ただ、彼らの改宗のようすを物語として発展させ、詳しく伝えたのも、やはり律蔵でした。

舎利弗と目連の改宗

カッサパたち千人を引き連れ王舎城に入った釈迦牟尼はビンビサーラ王の保護を受け、王舎城郊外の竹林精舎にいました。その頃、王舎城にはサンジャヤ・ベーラッティプッタ（五二頁参照）という婆羅門が二百五十人の婆羅門を率いて活動していました。その中にサーリプッタ（舎利弗）とモッガッラーナ（目連）という優れた出家者がいました。伝承によってはすでにサンジャヤは死去し、舎利弗と目連が彼の教団を率いていたともいわれますが、いずれにしろ二人が教団のリーダー的な存在だったと考えられます。そして互いに、もしどちらかが先に不死の境地を得たなら、教え合うように約束していました。
ある日、舎利弗は王舎城の街中でアッサジ（サールナートで釈迦牟尼のはじめての説法を受けた五人の一人）が托鉢を行っているところを見かけます。しばらく後を追いながらチャンスをみて、「あなたの師は誰ですか、誰の教えを信奉しているのですか」と声をかけます。そして釈迦牟尼の弟子であることを知らされ、さらにその教えがどのようなものかを問うと、アッサジは「自分はまだまだ新参者で、教えを詳しく説き明かすことはできないが、要点だけなら」と詩句を語ります。

すべてのものは原因から現れ、その原因とその止滅を如来は説かれた。
偉大なる沙門《しゃもん》はこのように説かれた。
（パーリ律蔵大品　一・二三・一〇）

これを聞いて舎利弗は汚れを離れて、真実に目覚めたといわれます。舎利弗はすぐさま目連にこのことを伝え、目連もまたアッサジに会い、同様に真実に目覚めます。二人はサンジャヤの二百五十人の徒とともに竹林精舎にいる釈迦牟尼を訪れ、弟子となりました。釈迦牟尼は舎利弗と目連がやって来るのを見て、比丘たちに「ここに二人の同朋がやって来る。舎利弗と目連だ。私の二大弟子、最高に優れた二人となるだろう」と言ったと伝えられています。やがて二人は「智慧第一」の舎利弗と「神通第一」の目連と呼ばれるようになりました。考古学者カニンガムの調査でサーンチーの第三塔から蠟石製の舎利容器が二つ見つかり、舎利弗と目連の名前が書かれていました。分骨されたものと考えられていますが、二人一緒に尊敬されていたことが考古学的に証明されたことになりました。

智慧第一の舎利弗

「智慧第一」と呼ばれた舎利弗はどのような人だったのか、あくまでも伝説ですが、少しふれておきましょう。ビンビサーラ王が王位に就いて王舎城が文化的にも重要な都になった頃、南インドから婆羅門が議論を闘わせるためにやってきました。国王は論義に長《た》けたマータラという婆羅門を招いて論陣を張り、見事に勝利した彼に村を与えます。彼は妻を娶《めと》り、一男一女をもうけます。妹はサーリーといい、論義において兄を凌《しの》いだといわれます。ある時、また博学で誉《ほま》れあるティッサという婆羅門が王舎城にやって来てマータラと論義を闘わせ、マータラに勝利しました。当時の慣例によりマータラの村は取り上げられ、ティッサに与えられるところでしたが、ティッサは謙虚にそれを断り、サーリーと結婚することになりました。この二人の間にできた子供がサーリプッタ（サーリーの子）、舎利弗です。いかにも博学な家系の出身であることが伝えられていますが、実在の人物だったと考えられます。仏教と同時代に興《おこ》ったジャイナ教は当時の思想家四十五人の哲学を集めた『聖仙のことば』という初期の文献を保っていますが、その中にも「舎利弗のことば」が残されており、仏教外でも認められていた思想家だったことがわかります。

神通第一の目連

舎利弗が「智慧第一」と呼ばれたのに対して、目連は「神通第一」といわれます。王舎城近くの村の王家の師範である婆羅門の家に生まれ、博学で容姿端麗であり、親友である舎利弗とともに出家したというぐらいしか伝説は残っていません。ただ、「神通第一」と呼ばれることで、逆に多くの物語がつくられました。目連を最も有名にしているのは、その中でも*『盂蘭盆経《うらぼんぎょう》』に伝わる物語です。この伝承がもととなって、わが国でも夏にお盆の施餓鬼会《せがきえ》が行われています。

*盂蘭盆経
ある日、目連は亡くなった母が天界に生まれ変わっているかを天眼通で観察したが、彼女は天界どころか餓鬼界に堕ち、瘦せこけて悲しみに堪えていた。目連は直ちに鉢に飯をもり、母に与えようとするが、それは炎を上げて燃え尽き、灰となってしまう。困り果てた目連が釈迦牟尼に相談すると、「それは汝一人の力のおよぶことではない。七月十五日の懺悔《さんげ》表白《ひょうびゃく》の日にさまざま

な供物を十方の僧に供養すれば、その功徳が転換（回向）されて七世の父母が地獄・餓鬼《がき》・畜生の悪趣を脱する」と教えられた。僧衆がこの教えにしたがって行動すると、たちまち母親は天界に上った。

王舎城大教団の成立

サンガ

このようにカッサパ三兄弟と舎利弗、目連の改宗によって、王舎城に千二百五十人という大きな教団、「サンガ」（僧伽《そうぎゃ》）が出来上がりました。釈迦牟尼に千二百五十人の弟子がいたことは、「大譬喩経」が伝える〈七仏の事項〉の時点ですでに伝承されています。ただそこでは「サンガ」の人数とは表現されておらず、またこの期間の関係者として二大弟子の名前しか伝承していないので、この数が本来どのような意味をもっていたのか、どこから来たのか、にわかに判断できません。結局、律蔵のこの伝説が、その数の内訳を語ったはじめての伝承となります。

「サンガ」というのは、もともと一定のルールをもつ共同体、例えばギルドのような団体も意味する語ですから、とりあえず今の言葉でいう〝教団〟と考えてよいと思います。ただ律蔵の規定によれば、この語は出家者たちの生活範囲にしたがって地域化した共同体を単位とする、いわゆる「教区」のようなものも表すようになっていきました。この展開をふまえると、このウルヴェーラーと王舎城の出来事は、その本家、あるいは総本山ともいえる王舎城の大教団が出来上がっていく物語だと捉えることができます。しかも、その教団をはじめに組織したのはすべて王舎城付近で活動していた婆羅門出身者だったということになります。

その内、五分の四を占めるのがカッサパのグループです。律蔵や「阿含・ニカーヤ」の中では、異教徒が出家を願う場合は四ヶ月間の入門期間をおくと伝えられていますが、「釈迦族と火を信奉する髪を法螺貝のように結った人は入門期間がいらない」という特例が付いています。この伝承からみても、カッサパのグループが特権階級として教団の主流となっていたことがわかります。このような婆羅門の新派ともいうべき人々が中心になっていった教団ですから、サールナートで説法を受けた本来の一番弟子グループであるはずの五人や、その近郊で出家した人々は数に入っていません。彼らはそれぞれ遍歴伝道に行ったことになって、王舎城教団の成立には全く関係がないように伝承されているのです。

そこには総本山ともいえる王舎城の教団をめぐる新旧の仏教の交代劇が見え隠れします。

新旧交代劇

そもそもウルヴェーラーで苦行をともにした五人の仲間が、なぜ遠く離れたサールナートにいるかという疑問を持つのは私だけではないと思います。彼らはついこの間までウルヴェーラーで釈迦牟尼とともに苦行をしていたわけですから、彼らへのはじめての説法がウルヴェーラーで行われていても何ら不思議ではありません。五人の一人、アッサジが王舎城で舎利弗や目連と出会う伝承や、また、王舎城の人たちが「沙門ゴータマが子供をさらいに来た」という伝承が残っていることを見ると、もともと律蔵は、サールナートのはじめての説法やベナレスでの若者の出家などの一連の物語を、ウルヴェーラーや王舎城付近での出来事として伝えたと考える方が自然です。それならば、釈迦牟尼が二百五十キロ近くあるサールナートに行き、また突然ウルヴェーラーにもどる不可解な道のりの問題も一気に解決されます。

そこには、弟子の「集い」から婆羅門出身のカッサパのグループが主流となる「教団」へ移行していくために、律蔵がもともとの一番弟子グループである六十人の阿羅漢を、サールナートで弟子となった教団の成立にはかかわらない大先輩となるように、上手く伝承を改変していったようすがうかがえます。その改変は、まさにアンドレ・バローが時代性の違う伝承が組み合わさっていると気づいた、神通力で五人の居場所をサールナートと特定する文章を加え（一四四頁参照）、地名をサールナートやベナレスに変えるだけで簡単に行えます。ただ、あえてサールナートで最初の説法が行われたと伝承されている点に、きわめて重要な意味を見出さなければなりません。

サールナート

釈迦牟尼が五人の苦行仲間にはじめての説法をしたサールナートのあるベナレスは、古来宗教上の聖地と見なされていました。サールナートが「聖仙の集まるところ」と呼ばれていたのもそのためです。まさに当時の哲学者や思想家、特に婆羅門教にとってきわめて重要な聖地だったのです。

すでに見たように、仏教は教えを固定せず、結果的に地域によって変化適応しました。私たちはこうした仏教の性格になじんでいて、インドの他の宗教もこれと同じ性質をもっていると見誤ってしまいますが、伝統的な婆羅門の哲学はつねに特定の聖地を中心として統一が図られていました。そのような聖地には地方から婆羅門が集まり、命をかけて議論を闘わせていたのです。婆羅門文献によると、そのような論戦に参加するために聖地に旅立つ息子を見送る母が、「もし負けたならば生きて顔を見ることができない」と涙ぐむくだりが出てきます。このように聖地ではまさに命を賭けた論戦が行われ、そこで勝利した者の哲学によって教理が統一されていたのです。

ベナレスは当時の婆羅門社会においてまさにそのような聖地でした。ですから、釈迦牟尼がサールナートでデビューしたということは、婆羅門出身の人たちが主流となる仏教教団において大変重要な意味をもっていたのです。まさに現代のファッション業界がパリを聖地とし、ブランドの価値を高めるために、そこでのデビューを望むのと同じ意味があったといえます。

ただし、少なくとも仏滅後百十六年、あるいは二百十八年に即位したアショーカ王が釈迦牟尼の聖地巡礼のためにサールナートを訪れたことは、彼の建てた法勅《ほうちょく》の発見によって証明されています。それゆえ、この地が釈迦牟尼のはじめての説法の地として定着したのは、意外に早かったようです。

律蔵から経蔵へ

このように、律蔵が説く「はじめての説法」から「教団成立」までの伝承を、今までの研究もふまえて再考すると、教団とは何かを伝えるために、そのつど改変されて組み上がっていったものだったことがわかります。それはあくまでも教団維持という律蔵本来の思惑によって出来上がった物語であり、そもそも釈迦牟尼の生涯を伝えたいという目的をもって編纂されたものではないのです。

ブッダの誕生から教団成立までを断片的に伝える「大譬喩経」は、パーリ伝承でもサンスクリット伝承でも、また漢訳された伝承でも、釈迦牟尼の涅槃を伝える『大般涅槃経《だいはつねはんぎょう》』（第十一章参照）と連結可能な位置で説かれています。それゆえ、もともと「阿含・ニカーヤ」がこの二経で仏伝を語ることを意識していたことは明らかです。ところが、『チャトシュ・パリシャット経』（四衆経《ししゅうきょう》）というサンスクリット語写本の発見によって、律蔵に伝わっていたこの教団成立の物語がそのまま経典となって、「大譬喩経」の直前に配置されたことが明らかになりました。それは「大譬喩経」の伝承だけでは不備となる釈迦牟尼の教団成立にいたる時期を補うためのものです。普通「四衆」という語は男女の出家団体と在家団体（比丘《びく》・比丘尼《びくに》・優婆塞《うばそく》・優婆夷《うばい》）の四つのグループを表しますが、この経典はカッサパ三兄弟の三つのグループと、舎利弗と目連のグループを表す「四衆」を経題にしています。

ただ、このように経典として取り込んだことによって、律蔵が伝承しようとした教団成立の物語の特殊性は失われ、釈迦牟尼の生涯の時間軸上の一部となっていきました。そして後の仏伝文学にいたっては、この一連の物語が釈迦牟尼の生涯として完全に溶け込んでしまったのです。

第十章　その後の伝説

祇園精舎

仏伝の空白期間

前章までの舎利弗《しゃりほつ》と目連《もくれん》の出家をもって千二百五十人の教団が成立して、律蔵《りつぞう》に伝えられる仏伝は終わります。それ以降、釈迦牟尼《しゃかむに》は八十歳で涅槃《ねはん》に入るまでの四十五年間、ガンジス河の中流域で遍歴伝道の活動を行いました。その間の人々への教化が、私たちが知る経典を後に形づくるさまざまなエピソードを準備したことは言うまでもありません。それゆえこの期間の出来事こそ、私たちの最も興味のあるところなのですが、前にもふれたように、この期間のことは仏伝には現れないのです。経典は「ある時、ブッダは◯◯におられた」（一時仏在◯◯）と伝えるだけで、時間を特定しません。それゆえ、その四十五年間の行動を正確に追うことはできません。しかも律蔵の中には、もし、ブッダがどこで説法されたかわからなくなっていたら、有名な聖地をあてはめればよいとか、説法の相手がわからなくなっていたら、国王などの有名な人をあてればよいという規則がありますから、その規則が出来上がった時点ですでに多くのことがわからなくなっていたと考えられます。当時の人々にとっては、この四十五年間の「ブッダの教え」を知り、伝えることが重要であって、それがいつ、どこでなどということなどは、気にならなかったのです。

そこでここからは、その四十五年間の間に起こった出来事の中から重要なエピソードと思われる伝承を、いくつか取り上げていきたいと思います。ただし、それらを紹介する順序に時間的な前後関係があるわけではありません。

給孤独

当時、マガダ国と同じく大きな勢力をもっていたのがパセーナディを王とするコーサラ国で、その首都サーヴァッティー／シュラーヴァスティー（舎衛城《しゃえいじょう》）にスダッタという富豪がおり、給孤独《ぎっこどく》（孤独な人に食を給する人）と呼ばれていました。ある時、彼は商用でマガダ国の王舎城《おうしゃじょう》を訪れていましたが、その時に「ブッダを招待する」という噂を聞きます。世間では「ブッダ」という呼び名さえ聞くことが難しいのに、その人が実際に存在するのなら早く会いたいと心が逸《はや》り、翌朝早々に釈迦牟尼を訪れます。そして念願叶って教えを聞き、その場で在家の信者となりました。彼は旅の途中にもかかわらず、翌日に布施のために釈迦牟尼と彼の教団を食事に招待します。そして、このままではブッダの行動範囲がマガダ国を中心としたものになってしまうと考えて、食事を終えた釈迦牟尼にコーサラ国の首都舎衛城でも雨季の間の定住をしてもらうことを提案して、承諾されます。

雨安居

雨季の間、比丘たちが一所に集まって団体生活をするのを「雨安居《うあんご》」といいます。この習慣は婆羅門《ばらもん》教やジャイナ教にも共通で、仏教特有のものではありません。私たちは雨季というと梅雨を連想してしまいますが、そのようにシトシトと雨が降るのではありません。以前、タイから来た留学生の研究を手伝ったことがあるのですが、彼は雨季の雨は傘で防げるようなものではなく、もし外出時に突然降り出したら、とにかく近くの家に入れてもらうぐらい激しいものだと教えてくれました。インドでも同じで、最近日本でも起こるゲリラ豪雨を想像するのがよいと思います。道に水があふれ、歩くこともままならず、出歩くことが危険な状態になるのです。それゆえ雨季の三ヶ月間、比丘たちは特定の場所に集まって、団体生活の中で修行します。この習慣は日本の仏教でも継続されており、毎年それぞれの宗派の本山などで「夏安居《げあんご》」や「雨安居」の名のもとに研修会などが行われています。

祇陀の林

コーサラ国に帰った給孤独は、すぐさま舎衛城の近郊で、市街から遠からず、近すぎず、静かに修行ができるような雨安居に適した場所を探しました。そしてその恰好の場所として、この国の王子、ジェータ(祇陀《ぎだ》)が所有していた遊園に使う園林に目を付け、本人に直接交渉します。ところが、思うような返答がもらえません。「譲ってください」、「譲らない」という押し問答が続きますが、祇陀王子は〝どれだけ説明しても〟売る気はないと頑固に拒否します。

その解決法は実にユーモラスです。最終的に司法大臣に中に入ってもらうことになるのですが、大臣は「王子がすでに条件を口にしているので、その条件で売らなければならない」という裁定を下します。実は王子が売却を断ろうとして言った〝どれだけ説明しても〟という言い回しは慣用句で、逐語的には「際まで〔話を〕広げても」と表現します。大臣はその言葉を利用して、王子がすでに「園林の際まで〔黄金を〕広げたら」と言ったというのです。言葉のトリックを上手く使った洒落がこの物語の落ちをつけていて、まるで私たちが落語を聞いているように、当時の人たちがこのような伝説を楽しんでいたことがわかります。

給孤独はすぐさま黄金を荷車で運んで、祇陀王子の園にそれを敷きつめていきましたが、一度目に運んだ黄金だけではわずかな場所を残してしまいました。そこで給孤独はさらに黄金を運ばせようとします。祇陀王子はそれを見て、その残った場所を自分自身が釈迦牟尼に布施することを願い出て、その場所に門屋を建てました。給孤独は譲り受けた場所に精舎を建て、コーサラ国にも仏教の拠点が出来上がったのです。他の経典には給孤独の喜びを表した詩が残っています。

聖仙の集いがよく訪れ、法王（ブッダ）が滞在し、私の喜びを生む、これがその祇陀の林。

（パーリ相応部　神相応　一・五・八）

この「祇陀の林」こそが『平家物語』の冒頭に出てくる「祇園精舎《ぎおんしょうじゃ》」のことです。ジエータ（祇陀）王子が所有していた園林ですから、「祇陀園《ぎだおん》」と漢訳されました。「祇園」というのはその省略形だと思いがちですが、そうではないようです。ジェータは確かに「祇陀」と音写されますが、それは仏典がサンスクリット語で中国に伝わった時代のことで、それ以前は多くが方言で伝わっていたということが明らかになっています。カタカナでは説明が難しいのですが、これは「ブッダ」（仏陀）が古い訳で「仏」と音写されたのと同じで、方言では「ジェータ」の〝タ〟や「ブッダ」の〝ダ〟など、最後の音が聞こえなくなるのです。それゆえ古い訳では「祇」と一字で音写されました。また、「祇樹《ぎじゅ》」と訳されるのも「祇園」と同じで、「祇樹給孤独園」というように、ジェータ王子の林であり、給孤独が買い取った園という意味を正しく伝えています。

発掘調査

祇園精舎の遺跡はネパール国境に近い、現在のウッタル・プラデーシュ州のサヘート遺跡だと考えられています。南北に三百五十メートル、東西に二百三十メートルに広がる遺跡で、一八六三年にイギリス人考古学者カニンガムの調査によってはじめてここが跡地であろうと推定されました。異論もありましたが、一九〇二年、フォーゲルとサニーによる発掘で教団への寄進を示した銅板が発見され、カニンガムの推定が証明されることになります。長い間、歴史公園の一部として保存されてきましたが、未発掘のところも多く、一九八六年から関西大学とインド政府考古学局による調査がはじまりました。

その調査によって、この精舎は三期にわたって改築、修復がなされたことがわかってきました。バールフトやサーンチーに残るレリーフでは、釈迦牟尼が滞在したといわれる香殿などは草で葺《ふ》かれた丸屋根の精舎になっています。もともとはそのような木造のものだったのでしょう。五世紀の旅行僧法顕《ほっけん》は、祇園精舎は燈火の絶えることがなかったが、あるときネズミが燈明をくわえて逃げたことから火事になってしまったという伝承を紹介しています。この調査でも煉瓦造りの下から紀元前一世紀頃の焼けた木片が出土しています。大規模な煉瓦造りになったのは紀元一世紀以降、クシャーンのカニシカ王の時代に聖地として再建されたと考えられています。また、四世紀から六世紀のグプタ時代にも少し復興したようですが、その時代には新しい煉瓦などは使われず、破片の再利用という程度のものだったようです。

五世紀の『法顕伝』の中に、池の流れは清浄で、林木が茂り、多くの花が色を異にして咲き、鬱然《うつぜん》と見える景色の中に九十八の伽藍《がらん》があって、一つを除いてはすべて僧侶が生活していたという報告が確認できます。しかし、その後七世紀にその地を訪れた玄奘《げんじょう》は『大《だい》唐西域記《とうさいいきき》』の中で、伽藍は数百あるけれど、壊れたものが多く、仏教の僧侶は少なくなっていて、外教の人たちがたくさんいたと報告しています。

この祇園精舎も最終的に十二世紀のイスラムの台頭によって、その役目を終えました。その歴史をたどってみると、『平家物語』の「祇園精舎の鐘の声、諸行無常の響きあり」

という歌が、さらに心に染みる気がします。

釈迦族の出家

故郷に帰る

釈迦牟尼の四十五年におよぶ遍歴伝道の生活の中で、祇園精舎建立にまつわるエピソードのほかに、後の仏教教団にとって重要なもう一つの大きな出来事を選ぶとすれば、それは釈迦牟尼が故郷であるカピラヴァッツに帰って、釈迦族の多くの人々を出家に導いたことです。ただ、後世の仏伝文学では、それは成道《じょうどう》後二年目、あるいは六年後、十二年後の出来事だと、さまざまに伝承され、時期が一致していません。また実際には、釈迦牟尼は何度かカピラヴァッツを訪れたのではないかと考えられています。そして、その折に出家した人たちの中に後の仏教教団の中で重要な役割を果たす人物が多く含まれていました。その中から幾人かの仏弟子にふれておきたいと思います。

難陀と羅睺羅

よく知られているのはナンダ（難陀《なんだ》）とラーフラ（羅睺羅《らごら》）の出家です。難陀は、釈迦牟尼の父と義母となった亡き母の妹との間に生まれた子で、釈迦牟尼の異母弟にあたります。それゆえ姿や背丈なども釈迦牟尼によく似た美男子であったといわれています。釈迦牟尼が帰郷したとき、すでに彼は王位を継承する者として認められ、美しい妻を娶《めと》って新婚生活がはじまったばかりの、人生の中で最も幸せを感じている時期にいました。ところが釈迦牟尼に「そのような栄華や楽しみは束《つか》の間のことである」と諭されて、半ば強制的に出家させられてしまいます。この難陀の揺れ動く心を描いた物語は、後に仏教詩人アシュヴァゴーシャ（馬鳴《めみょう》）によって『端正なる難陀』として著されています。

羅睺羅は言うまでもなく釈迦牟尼の実子です。釈迦牟尼がカピラヴァッツを訪れ、托鉢をしているときに、母ヤソーダラーは「あの大沙門《しゃもん》こそがあなたの父です。父は私たちの知らない宝を持っておられるから、それを形見として宝を求めなさい」と語って、羅睺羅を向かわせます。釈迦牟尼は舎利弗に「羅睺羅は形見として宝を求めているが、私は真の幸福をもたらす宝を与えたいので、彼を出家させよ」と頼みます。そこで羅睺羅は舎利弗のもとで出家したと伝えられます。

釈迦牟尼が羅睺羅を自分で出家させずに舎利弗に頼んだのには訳があります。仏教教団で比丘《びく》として出家するためには、年齢が二十歳以上でなければならないという制限があり、その歳に満たない羅睺羅は「沙弥《しゃみ》」の立場で出家しなければなりません。その場合、面倒を見る後見人が必要となり、それを舎利弗に頼んだのです。

優波離と阿難

その他にも釈迦族から多くの人たちが出家しました。伝説では五百人などといわれますが、文献から釈迦族の出身として確認できる仏弟子は、比丘四十一人、比丘尼《びくに》二十人が数えられます。その中でも特に重要な人物がウパーリ（優波離《うぱり》）とアーナンダ（阿難《あなん》）の二人です。

釈迦牟尼が入滅したとき、残された仏弟子たちは自分たちの教団を正しく存続するために、会議を開きました。そのことを「サンギーティ」（結集《けつじゅう》）といいます。その結集では、釈迦牟尼の生前に起こった教団内のもめごとと、その解決法を示した規則が優波離の記憶によって再確認されました。これが後に「律」としてまとめ上げられて、私たちの知る「律蔵」となっていきます。

また長く侍者として釈迦牟尼に仕えた阿難は、結集において釈迦牟尼の生前の説法を思い出して、教えの再確認を促します。それが「経」としてまとめ上げられて、後に「経《きょう》蔵《ぞう》」を形成していくのです。経典の冒頭が「私はこのように聞きました。あるときブッダは◯◯におられました」（如是我聞《にょぜがもん》　一時仏在《いちじぶつざい》◯◯）とはじまるのは、阿難が結集で釈迦牟尼の教えを思い出しているようすが伝えられているのです。したがってここにいう「私」（我）とは阿難のことです。彼の在俗時代を伝えるエピソードはあまりありませんが、彼が釈迦牟尼の父スッドーダナ王の弟、アマラトーダナの息子であったことは諸伝に一致しています。したがって釈迦牟尼の従弟にあたることになります。その立場から、阿難は釈迦牟尼に自分の思いを素直に伝えることができる人だったようです。彼は頑固な釈迦牟尼を説得して、養母パジャーパティーの出家を認めさせた人としても有名で、その結果、比丘尼教団が出来上がることになります。

　この阿難と優波離の出家は次のように伝えられています。釈迦牟尼がカピラヴァッツを後にして、マガダ国に遍歴伝道の旅をはじめ、アヌピヤという村に滞在していたときの出来事です。釈迦族王家の者たちが遊園に出かけるという口実で釈迦牟尼を追いかけて行きます。その中に阿難と優波離もいました。優波離は理髪師で、彼ら王族の召使いでした。王家の者たちは町から遠く離れると、護衛兵を返して他国の領地に入り、そこで身に付けている装身具をはずして上衣にくるみ、「これだけあればお前がこれから生活するに充分だろう」と言って優波離に与えました。優波離はそれを持って帰ろうとしますが、途中で「このまま帰ったら、私が彼らを殺して装身具を奪ったと勘違いされ、殺されてしまうかもしれない」と考え、自分も出家しようと後を追いかけます。結果的に優波離も含めて彼らは釈迦牟尼のもとに行き、出家を願い出るのですが、そのときに興味深いエピソードが語られます。

大徳《だいとく》よ、私たち釈迦族というのは気位の高い者たちです。大徳よ、この理髪師の優波離は長い間私たちの召使いでした。世尊よ、この者を最初に出家させてください。そうすれば、私たちはこの者に対して、問訊、立礼、合掌、恭礼をなすでしょう。そうして私たち釈迦族の気位が除かれるでしょう。（パーリ律蔵小品　七・一・四）

そこで釈迦牟尼はまず優波離を出家させて、その後釈迦族の王族たちを出家させました。この物語が伝えようとしているのは、世俗の上下関係が仏教の教団内にはいっさい持ち込まれないということです。教団における上下関係は、基本的にどちらが先に出家したかという先輩・後輩の関係だけだったことがわかります。

長老

「長老」か「若き人」か

仏教教団には先輩・後輩関係を反映する「呼びかけの語」があります。インドの仏教原典の多くは、スリランカに伝わる古い方言のパーリ語と、知識人たちの標準語となったサンスクリット語で書き残されていますが、そのパーリ語の仏典では目上の人に対して「バンテー」（大徳よ）という呼びかけの語が使われています。そして伝統的には「アーヤスマー」（長老《ちょうろう》よ）という語も目上に対する呼びかけの言葉だと考えられてきました。この語は、サンスクリット語で「寿命を具えた人」を意味する「アーユシュマン」に対応する言葉で、漢訳でも「長老」、あるいは「具寿《ぐじゅ》」と訳されています。

ところが近年、それに異をとなえる論考が発表されました。その論考は「アーユシュマン」が意味する「寿命を具えた人」というのは「長老」の意味ではなく、逆に〝若き人〟を表しているとしたのです。そして決定打となる仏教教団の中での使い方の例を律蔵の伝承から導き出しました。

呼びかけの語に二種類がある。〝大徳〟と〝具寿〟という。年少の比丘が先輩を呼ぶときは〝大徳〟と呼ぶべきであり、先輩が後輩を呼ぶ場合は〝具寿〟と呼ぶべきである。

（根本説一切有部毘奈耶雑事　巻一九）

つまり「具寿」（アーユシュマン）という語は教団内で先輩が後輩を呼ぶときに使われていたのです。確かに、私たちは舎利弗や優波離や阿難という有名な仏弟子に対する尊敬の念からこの語を「長老」と考えがちですが、実際釈迦牟尼が彼らに呼びかける場合には「若き人よ」と語っていたに違いありません。また、この「アーユシュマン」（具寿）という語は同僚どうしで呼び合う場合にも使いますから、最近では「同志」という訳も見受けられます。

ただ、この「アーユシュマン」の〝若き人〟という意味合いをそのままパーリ語の「アーヤスマー」に持ち込んでよいか、疑問がないわけではありません。実はパーリ語にはもう一つ同僚や後輩を呼ぶときに使う「アーヴソー」（友よ）という語があります。言語学的にはこの語の方がサンスクリット語の「アーユシュマン」に対応する古い方言だと考えられます。パーリ文『大般涅槃経《だいはつねはんぎょう》』では、「年長の比丘によって若い比丘は名前や名字や〝アーヴソー（友よ）〟という語で呼ばれるべきである」とされ、両者の語義的な対応関係がわかります。このようにサンスクリット語とパーリ語の呼びかけの語の対応関係を見ていくと、サンスクリット語の「アーユシュマン」に対応するパーリ語には、「アーヤスマー」と「アーヴソー」の二つがあったことになります。

サンスクリット語の「アーユシュマン」はもともと「寿命を具えた人」、つまり〝若き人〟というような意味で同僚あるいは後輩に用いられた呼びかけの言葉だったのでしょう。しかし、釈迦牟尼や仲間から〝若き人〟と呼ばれていた仏弟子たちも、後の人々には尊敬の対象となっていきます。そして、それにともなって「アーユシュマン」が「寿命を具えた人＝長老」という意味の呼びかけの言葉に変わっていったのだと思われます。こうした動きに対応して、パーリ語は同僚や後輩に使う「アーヴソー」をそのまま残した上で、「長老」を意味するように変わった「アーユシュマン」に対応するものとして「アーヤスマー」という語を新たにつくったのだと考えられます。先にふれたパーリ『大般涅槃経』の続きは、

若い比丘によって年長である比丘は〝バンテー（大徳よ）〟とか〝アーヤスマー（長老よ）〟と呼ばれるべきである。（パーリ長部　大般涅槃経　六・二）

と記されています。このようにこれらの語が持つ長い歴史をふまえると、サンスクリット語の「アーユシュマン」にもパーリ語の「アーヤスマー」にも、〝長老〟と理解しなければ

ばならない人々の尊敬の念が表されているのです。

大迦葉

最後に、釈迦牟尼が信頼をおいていたもう一人の長老を紹介しておきます。頭陀《ずだ》第一と呼ばれるマハー・カッサパ（大迦葉《だいかしょう》）です。頭陀というのは、衣食住に関する煩悩を除いて少欲知足の修行生活を行うことです。大迦葉はジャイナ教が伝える当時の四十五人の哲学者を概説した最初期の聖典『聖仙のことば』にも取り上げられていて、慈悲心をもって少欲知足に禅定を修することで有名な人物であったと考えられます。王舎城の北のナーランダー近郊の村に生まれた婆羅門だったようですが、「阿含・ニカーヤ」の伝承によると、彼は王舎城とナーランダーの間のバフプッタで釈迦牟尼に出会い、弟子となって八日目に阿羅漢《あらかん》の覚《さと》りに到達したといわれます。そして、大迦葉は自分の木綿の衣と釈尊の麻の衣を交換してもらったと伝えられます。

また別の伝承では、大迦葉がぼろぼろの衣を着て、ぼうぼうになった髪で釈迦牟尼がいる祇園精舎にやって来ました。それを見た比丘たちは、大迦葉は威儀のない人だと思います。その比丘たちの思いを見抜いた釈迦牟尼は、「汝は先に出家し、私は後で出家した」と自分の座っている場所の半分をゆずって、大迦葉を側に座らせようとします。ところが迦葉は、「あなたは私の師僧ですから」といって、端の方に座ってしまいます。そこで釈迦牟尼は「大迦葉は瞑想においても、神通力においても私に等しい」と彼を称えたといわれます。

この大迦葉は未来の世で重要な役目を果たすといわれます。五十六億七千万年（もともとは五億七千六百万年）の後、弥勒《みろく》菩薩が覚りを得てブッダとなったとき、多くの弟子を引き連れてグルパータカ山に赴きます。そして、弥勒はグルパータカ山から大迦葉の衣（伝承によっては全身の白骨、鉢と杖）を取り出して弟子たちに見せ、「これは前のブッダ、釈迦牟尼によって頭陀第一の弟子と呼ばれた大迦葉のものであり、釈迦牟尼の涅槃の後、彼が教えを確認し合う結集を召集した」と伝えます（二四二頁参照）。それを見た弥勒の弟子たちは皆、阿羅漢の覚りと頭陀行を証得するといわれ、まさに大迦葉は、釈迦牟尼から未来の世の弥勒へ、理想の仏弟子像を伝える者として扱われているのです。

第十一章　完全なる涅槃

霊鷲山にて

大般涅槃経

釈迦牟尼《しゃかむに》は四十五年におよぶ遍歴伝道の生活を送って人々に教えを説き、多くの弟子を得ました。その間の出来事が「仏伝」に伝承されていないことはすでに述べましたが、「涅槃」にいたる最後の遍歴伝道となる旅路は多くの文献に残っています。いわゆる『大《だい》般涅槃経《はつねはんぎょう》』と呼ばれるもので、パーリ語で伝承されるもの、サンスクリット語の伝承、漢訳されたもの、さらにはチベット大蔵経や漢訳の律蔵《りつぞう》の中に引用されたものがあります。それゆえ、それらの文献の比較研究や、また現地調査などを通して史実に近いと考えられる多くのことがわかってきました。しかも釈迦牟尼が八十歳の時の出来事とわかっているわけですから、『大般涅槃経』は「阿含・ニカーヤ」の中では他に例をみない「歴史小説」ともいうべき経典です。そこには、この世を去って行く釈迦牟尼の最後の伝道のようすと、哀愁が伝えられています。その伝承に人々は人としてのブッダの姿を見出し、釈迦牟尼の実在を実感したはずです。そのような見事な物語が「阿含・ニカーヤ」の中に伝えられていますから、後の仏伝文学と呼ばれるものは「八相」として涅槃をあげていても、ほとんどの典籍がこの期間を『大般涅槃経』に譲って、あえて伝えようとしません。まずはその釈迦牟尼最後の遍歴の道のりを示しておきましょう（巻頭地図参照）。

《マガダ国》霊鷲山《りょうじゅせん》→王舎城《おうしゃじょう》→（アンバラッティカー園）→（ナーランダー）→パータリ村→《ヴァッジ国》コーティ村→ナーディカ村→ヴェーサーリー市→ヴェールヴァ村→バンダ村→ハッティ村→アンバ村→ジャンブ村→ボーガ市→《マッラ国》パーヴァー市→カクッター河→クシナーラー

このうち、マガダ国で（　）に入れたアンバラッティカー園とナーランダーに関してはサンスクリットや漢文の資料にはなく、パーリ伝承に特異なものです。確かに両者とも王舎城とパータリ村の間に位置していて、釈迦牟尼がそこを通過しても決して不思議ではありません。しかしアンバラッティカー園では王の別荘に滞在したとされ、またそこで行った説法もたびたび出てくる決まり文句で、おそらく後に付加されたものでしょう。

またナーランダーは五世紀初頭に仏教を修学する大学がつくられて、仏教研学の聖地となり、現在でも仏跡を訪ねる多くの旅行者が訪れる場所です。しかし、釈迦牟尼在世の頃にはそれほど重要な地ではなかったと考えられています。釈迦牟尼はナーランダーでは富豪のもつマンゴー園に滞在し、先に亡くなったはずの舎利弗と対談する内容が伝えられます。それゆえ、これも後に加えられた伝承だと考えた方がよいでしょう。

では、この釈迦牟尼最後の遍歴の伝承の中から、まずは冒頭を飾る霊鷲山での出来事をめぐってみます。

七つの約束

『大般涅槃経』はまず、釈迦牟尼がマガダ国の首都、王舎城の南に位置する霊鷲山にいるところからはじまります。その頃、マガダ国の王で釈迦牟尼の擁護者であったビンビサーラに代わって、息子のアジャータサットゥ（阿闍世《あじゃせ》）が王位についていました。阿闍世はヴァッジ／ヴリジ族を侵略し、征服しようとしていましたが、その決断の是非を釈迦牟尼にたずねようと大臣をつかわします。釈迦牟尼は「以前、ヴァッジ族に滅亡を来さないための教えを説いたが、その七つの項目が現在も保たれているのなら、彼らの滅亡はない」と、侍者の阿難《あなん》に一々を確認します。その七つとは要約すると次のようなものです。

①　定例の集会をもち、いつも多くの人が参集して生活する。
②　全員そろって開会し、全員そろって閉会し、全員そろってヴァッジ族の行政を行う。
③　以前に決められていないことを新たに決めず、すでに決められたことを破らず、ヴァッジ族の法を定めとして従い、実行する。
④　婦人、少女は誰であっても父、母をはじめとする親族、氏族に守られ、力づくで従わされることがない。
⑤　老人を尊敬し、彼らの言葉を聞くべきものと考えている。
⑥　周囲の霊域を崇拝して維持し、伝統行事を廃止することがない。
⑦　阿羅漢《あらかん》を気づかって保護し、自国に阿羅漢が来るように、またやって来た阿羅漢が自国で安楽にすごせるように願っている。

①、②、③では民主的で法治的な社会を理想としていたことがわかります。④では、当時最も弱者となる女性の保護を説き、⑤では敬老、年功を尊ぶ精神を説いています。また、

⑥で伝統的な宗教の保守が語られています。私たちは仏教自体が当時の新興思想の一つとして伝統的なものを排除するものだと考えがちですが、釈迦牟尼にとって自分の思想は決して新しくつくられたものではなく、伝統的な流れの中で正しく再認識されたものに他ならないのです。釈迦牟尼は長きにわたって培われた伝統的な信仰には人々の営みとしての正しい姿があると認めているのです。⑦でいう阿羅漢は、インドの諸宗教で尊敬されるべき修行者をさす言葉です。仏教もこの言葉を使いましたが、ここでは特に仏教の修行者だけを指すのではなく、どのような修行者も保護されるべきだと説いています。釈迦牟尼は伝統的な宗教も、新しい息吹を与える新興哲学の修行者も同じように大切に考えていることがわかります。

阿難はヴァッジ族がこのそれぞれの約束を守っていると答え、マガダ国の大臣は侵略がふさわしくないことを理解して帰っていきます。このことがどこまで史実であるかどうかはわかりませんが、『大般涅槃経』の冒頭に語られるこの物語には、私たちが普段想像しているブッダとは違う、一国の王の行政に倫理的な指南をする立場の釈迦牟尼を見ることができます。そしてそこに激動の時代に入ったインドで、釈迦牟尼が人々の忘れつつある国のあり方を問うていることを知るのです。

我欲のない社会

紀元前五世紀のインドでは四大国という君主制国家がせめぎ合いをし、ヴァッジ族など地方豪族ともいうべき小国家への侵略が起こっていました。商品経済の発達とともに都市と地方の格差は広がり、それまでの倫理観が通用しないものとなりつつありました。まさに〝世知辛《せちがら》い世の中〟であり、具体的な事例は違えども、私たちが今、経済発展を優先してグローバル化する中で、以前の倫理観では治まらない現代社会と非常によく似た状況だったといえるでしょう。釈迦牟尼はまさにそういう激動の時代に人が忘れつつある社会のあり方、あるいは古臭いとして排除しようとしているものの価値を問うています。そこには私たちが「昔は良かった」と思い描くときの、古き良き時代のほのぼのとした社会が感じられます。

釈迦牟尼がヴァッジ族と交わしたこの七つの約束は、私たちが漠然と思い描いている古き良き時代というものが、具体的にどのような秩序をもった社会であるのかを示しています。激動の時代にあるからこそ、そのようなほのぼのとした社会を守ることの必要性が説かれているのです。

釈迦牟尼自身が覚《さと》ったダルマ（法）は〝ものごとのあり方〟であるがゆえに、この現実の世界で起こる場合には、生きた人間に則して、現実の社会で固定化せず展開しています。この霊鷲山で釈迦牟尼が説いた教えを見ても、それは決して一個人の苦からの解放に留まるものではなく、社会の中で働く秩序として、正しい行い、倫理となり、具体化しているのがわかります。この国家観ともいうべき社会のあり方の根底にもまた、「諸法無我」（すべてのものは我でない）という釈迦牟尼の覚りにもとづいて、我欲の制御がつくる理想的な社会が説かれているのです。それは「他者」の存在を認めることであり、「共生《きょうせい》」の再確認であり、間違った個人主義の否定に他なりません。そうした「我欲」の制御がつくる社会こそが、私たちが「昔は良かった」と懐古するシンプルでほのぼのとした社会の内実なのだと教えてくれます。ただ、当時は四大国がしのぎをけずる激動の時代であり、それを大国家に期待することは困難であることも釈迦牟尼は知っていたのでしょう。それゆえ世間に対してその実現に励む一方で、自分自身の教団にそのような理想の社会をつくろうとしたのです。

教団のための七つの法門

マガダ国の大臣が霊鷲山を去ると、釈迦牟尼はすぐさま付近で修行している比丘《びく》たちを集めて、教団が滅亡しないための「七つの法門」を説きました。その内容は前述のヴァッジ族の七つの約束と共通していて、「老人」を「長老《ちょうろう》」と置き換えるなど、内容を教団に適応させたものです。出家教団だからといって、社会から逸脱したような特別なことが語られるわけではないのです。そこにはやはり、世知辛いゆえに私たちが忘れつつある古き良き時代を思わせるシンプルな社会が説かれています。〝質素で慎ましい生活〟、これこそが我欲の制御によってもたらされ、また我欲を制御するのです。それは王位を捨てて出家し、覚りを得た釈迦牟尼の描く理想の社会であり、願いでもありました。

この物語が『大般涅槃経』の冒頭に伝えられるのは、まさにこの釈迦牟尼の悲願が語られているからだと思います。私にはそれが、社会に向けた釈迦牟尼の遺言のような気がします。

最後の遊行

ターミナル・ステージ

釈迦牟尼は霊鷲山を後にし、最後となる遊行に出発しました。そして最終的にクシナーラー／クシナガラで涅槃することになります。一般にはパーヴァー村で鍛冶工のチュンダから受けた布施の食事がもとで体調をこわし、それが死の原因となったと考えられています。確かにそれが最終的な原因であったことは疑えませんが、雲井昭善氏は、それ以前から釈迦牟尼が死を覚悟しなければならない状態であったことを明らかにしました。そして、そのように考えると、『大般涅槃経』が伝える釈迦牟尼の行動と教えが、死期を見極めたブッダのものとして、より深い意味をもって私たちに語りかけてくるのがわかります。

近年「ターミナル・ケア」という語をよく聞くようになりましたが、この場合の「ターミナル」は人生の〝終末〟を意味し、その状態にあることを「ターミナル・ステージ」といいます。すなわち死期を知らされてから生涯を閉じるまでの期間のことです。『大般涅槃経』には、まさにそのターミナル・ステージのブッダが伝えられているのです。

死期を知る

釈迦牟尼はガンジス河を渡り、ヴァッジ国に入ってナーディカ村を訪れました。そのときナーディカ村では多くの出家者や在家信者が亡くなっていました。そこで侍者の阿難は、彼らが死後にどのような世界に行くのかを釈迦牟尼に問い、教えを得ます。パーリ語の伝承には、多くの人々が亡くなった理由が特に伝えられていなかったので、この話はあくまでも死後の世界に関する説法を引き出すための前置きで、そこに史実性があるとは考えられていませんでした。ところがサンスクリット語やチベット語、漢訳の伝承には、ナーディカ村で疫病が流行し、そのために多くの人が亡くなったことが記されていたのです。それらの文献が伝えるように、もしナーディカ村で疫病が流行していたなら、それ以降の釈迦牟尼のさまざまな言動とつながりが出てきます。

ナーディカ村を後にして釈迦牟尼はヴェーサーリー／ヴァイシャーリーに向かいます。ヴェーサーリーを訪れた後、郊外のヴェールヴァ村に滞在しました。それはちょうど時期的に雨季の安居《あんご》に入る頃でしたが、ヴェーサーリー周辺は飢饉にみまわれており、比丘が托鉢できるような状態ではなかったと伝えられています。それゆえ比丘たちは、異例の措置として団体での安居をあきらめ、それぞれがヴェーサーリー周辺で友人、知人を頼って安居に入るように告げられました。

インドのこの辺りで雨季がはじまるのは六月頃のことだと考えられます。現在でもその直前には飢饉が多発し、疫病も流行します。ナーディカ村で多くの人が亡くなったのも納得がいきます。団体での安居をあきらめたのも、飢饉で大人数の食事がまかなえないという理由からだけではなく、疫病の感染を防ぐ目的もあったのでしょう。釈迦牟尼も侍者の阿難と二人になって、ヴェールヴァ村で安居に入りました。そして安居に入った釈迦牟尼を激痛が襲います。釈迦牟尼もまた疫病に感染したと考えられるのです。そのときの釈迦牟尼のようすは次のように伝えられています。

私にこのような思いが起こった。

私には激しい痛みが起こり、死の淵にある感受がおそった。そして比丘教団は近くにいない。比丘教団が近くにいないときに涅槃することは、私にはふさわしくない。

むしろ私は、一々の感受を気力で和らげて、あらゆる不安要因に気をとめないために、無相心定《むそうしんじょう》（不安要因を思考に上らせない瞑想）を身をもって体現して、保って生活しよう。

（サンスクリット文『大般涅槃経』一四・二～五）

これは史的人物として唯一のブッダである釈迦牟尼が自らの死を自覚したとき、すなわちターミナル・ステージのはじまりのようすです。そこに伝えられるのは、私たちが想像しがちな完全に死を超越しているブッダではありません。むしろ私たちと同じように死に際して「愛する仲間と離れたくない」という人間ブッダが描かれています。サンスクリットやパーリ原典のもつニュアンスを伝えることは大変難しいのですが、この伝承が前半と後半で主語を違えていることに気づかなければなりません。「私にこのような思いが起こった」という言い回しは仏教特有の表現で、〝私〟が主体となって自身で考えていることではなく、この場合は、「頭をよぎった」というほどの意味です。すなわち、不可抗力として、ブッダにも人と同じそのような思いがよぎるのです。しかし、後半の文章は明らかに〝私〟が主語になっていて、そこには不安材料となるものが頭をよぎったブッダが主体的にとる行動が伝えられています。この不可抗力で起こったものを不安につなげない、苦しみとして広げないためのブッダの行動は、私たちのターミナル・ステージを考える上でも重要なものです。

二つの依りどころ

ところで釈迦牟尼の発病を知って阿難も大変動揺していました。阿難は無相心定の体現で少し元気になった釈迦牟尼に、「世尊が最後の教えを説かずに、涅槃に入ることはないから大丈夫だ」と自分に言い聞かせていたことを打ち明けます。すると釈迦牟尼は、自分には他の哲学諸派のように臨終に際してのみ伝授する「師の握り拳」（秘密の教え）はなく、すでに分け隔てなく、すべてを教えてきたと諭《さと》します。そして阿難の不安を理解して、阿難に次のように教えます。

今や如来の身体は老い、年を取り、老齢に達して八十歳になり、二つの依《よ》りどころによって動いている。例えば古びた荷車が二つの〔車輪の〕依りどころによって動いているように、まさに今、如来の身体は老い、年を取り、老齢に達して八十歳になり、二つの依りどころによって動いている。

（サンスクリット文『大般涅槃経』一四・一九）

この引用はサンスクリット語の伝承にもとづいたものですが、パーリ語の伝承ではこの中の「二つの依りどころ」という語がよく似た発音の「革紐《かわひも》の助け」となっています。この語は近代仏教学でも百年近く議論され、例えば古い荷車が壊れないように革紐で縛られているように、釈迦牟尼の身体もサラシのようなものを巻いていたなどと、さまざまな解釈が論じられました。しかし、サンスクリット伝承のように「二つの依りどころ」と考えると、次につづく教えとの関連が明らかになります。その教えとは、

それゆえ、阿難よ、今、あるいは私の死んだ後、自らを島とし、自らを依りどころとし、法を島とし、法を依りどころとし、他を島とせず、他を依りどころとしないで生きるべきである。

（サンスクリット文『大般涅槃経』一四・二二）

という二つの依りどころです。これは一般に「自燈明《じとうみょう》・法燈明《ほうとうみょう》」の教えと呼ばれていま

す。漢文で「燈明」と訳される語は、パーリ語などの方言で「ディーパ」という語ですが、〝洲〟や〝島〟という意味をもつ同音異義語が本来の伝承です。ガンジス河のような大河が氾濫したときに、その激流に流されない島のような「中洲」を意味しています。当時、穀物庫などはそのようなところに建てられていました。すなわち、死に際して怒濤のように押し寄せる不安に流されないための依りどころという意味です。釈迦牟尼は自身のターミナル・ステージにおいて、「自ら」と「法」という不安に押し流されない二つの依りどころをもって、古びた荷車のように行動していると言っているのです。

そしてそれが不安にかられている阿難に対しても教えられるのは、この二つの依りどころが、死に際して、死にゆくものと、遺されるものが互いに苦しみを乗り越えていくために不可欠なものだと考えているからです。死というものは、本人のみならず、遺されるものにもふりかかる苦しみです。遺されるものにも、その苦しみを超えるための確固たる依りどころが必要とされます。双方ともに「自ら」と「法」という押し流されない二つの依りどころを確立して、不安要因を思考に上らせない「無相心定」の状態にいたらなければならないのです。

この一般に「自燈明・法燈明」と呼ばれる教えは、自らの死を自覚した釈迦牟尼の体験をもって阿難に語られた言葉でした。もちろん「無相心定」という瞑想は、私たちにとって大変難しいものです。まさにブッダや聖者のみが行えるものでしょう。しかし、不安要因を思考に上らせないようにすることは、私たちにとって全く不可能なことではありません。後の仏教が、輪廻の枠内でもなく、涅槃の世界でもない「仏国土《ぶっこくど》」を考え出し、そこに生まれて最終的な完成を目指そうとしたのもその一つです。上手い例えにならないかもしれませんが、卒業論文の提出を直前にひかえると、よく努力した学生ほど不安にかられ、あと一年研究して納得のいくものにしたいと吐露します。そういう学生に「大学院に行って続ければよい」と指導すると、自ら納得して安心し、きちんと区切りをつけてくれます。私たちの人生も同じかもしれません。やり残したことを完成できる場所、それがあるという教えと確信が前向きな姿勢を生み、いたずらに死を思い煩うことのないターミナル・ステージをつくり上げる気がします。

人間ブッダ

このように、近年の研究では釈迦牟尼はナーディカ村で疫病にかかり、死期が近いことを自覚する、いわゆるターミナル・ステージに入ったのではないかと考えられています。そのことは釈迦牟尼が発病した後に、ヴェーサーリーでの托鉢を終えてチャーパーラに赴いたときに、次の言葉が語られたことからも裏付けられます。

阿難よ、ヴェーサーリーは麗《うるわ》しい。ウデーナ霊廟は麗しい。ゴータマカ霊廟は麗しい。サッタンバカ霊廟は麗しい。バフプッタ霊廟は麗しい。サーランダダ霊廟は麗しい。チャーパーラ霊廟は麗しい。

（パーリ長部　大般涅槃経　三・二）

サンスクリット語の伝承ではさらに「閻浮提《えんぶだい》（私たちの住む大陸の名）は素晴らしく、人々の生命は甘味である」とつづいており、釈迦牟尼が今、人生の終末をむかえようとするときに、人として生まれ、人生を送ったさまざまな思い出の場所、あるいはこの世界全体を素晴らしいとかみしめて、懐かしむ姿がうかがえます。そしてそこには、人生の大半をともに過ごし、最も気を使わずにいられる阿難に、その名残惜しい気持ちをひそかに伝えようとしている〝人間ブッダ〟を見ることができるのです。この世に生を受けたことに苦しみ、その苦を超越するために出家し、覚りを得た釈迦牟尼は、決して人間自体を否定し、それを超えて別世界にいる存在ではありません。まさに私たちと同じ人間だと知らしめてくれる伝承です。

釈迦牟尼は三度このことを阿難に伝えようとしましたが、彼は釈迦牟尼が死期を自覚してこの言葉を語っているということに気づかず、寿命を延ばすように懇願しなかったと伝えられます。経典はそのようすを、「阿難の心が釈迦牟尼の涅槃を願っている悪魔に取り憑かれていたから」と神話的に説明します。文献上それ以外のことはわからないのですが、師が身近にいることが当たり前となっていた阿難は、喉元すぎればなんとやらで、釈迦牟尼が少し元気になって安心すると、たちまち「諸行無常」の存在であることを忘れてしまっていたのでしょう。しかし、ブッダといえども人間であり、それを超えては存在しません。それを超えていたなら、それは人間のもつ苦悩を解放に導く人ではありません。この真の姿が見えない自己こそが、悪魔に例えられているのです。

阿難とのそのような経緯があって、釈迦牟尼は三ヶ月後に涅槃に入ることを悪魔と約束することになります。そこでヴェーサーリー付近にいる比丘たちが集められ、教団に向けた最後の説法がなされました。パーリ語の伝承にはそれをまとめた詩句が残っていますので、そちらを引用しておきます。

わが齢は熟し、わが命は短い。汝らを残して〈われは〉行く。われの自己の依りどころはできた。

比丘たちよ、精進して思慮深く、よく戒めをたもつものであれ。よく統一された思惟をもち、自身の心を守れ。

この訓戒に精進してくらすものは、生の流転を捨てて、苦の終息をなすであろう。

（パーリ長部　大般涅槃経　三・五一）

涅槃

この後、雨季の安居を終えた釈迦牟尼は、阿難と二人で再び伝道の旅に出発します。釈迦牟尼はヴェーサーリー近郊を後にするときに、象のように身体全体でヴェーサーリーをふり返り、眺めたと伝えられます。阿難がその行動に疑問を感じてたずねると、「阿難よ、これは如来にとって最後のヴェーサーリーの眺めとなるであろう」と語ります。サンスクリット語の伝承では、さらに「ブッダは今世に再びヴァイシャーリーに来ることはないだろう。完全な涅槃のために、マッラ族の領地、二本の沙羅の木のある森へ行くだろう」と続けており、涅槃の地を予言的に語っています。

前にも少し触れましたが、最終的に釈迦牟尼の死の原因となるのはパーヴァー村で鍛冶工のチュンダから布施として受けた「スーカラ・マッダヴァ」と呼ばれる食材の料理でした。直訳では〝柔らかい（あるいは乾燥した）野豚〟となり、パーリ語の註釈書もその趣旨で伝えています。しかし漢訳では「栴檀《せんだん》耳」となっているものがあります。この「栴檀」

というのは有名な香木の名前で、サンスクリットやパーリ語で「チャンダナ」といいますから、鍛冶工の名前「チュンダ」を「栴檀」と訳した可能性もあります。ただこの訳からキノコであったと考える学者もおり、実際の食材については、学問上の答えが出ていません。ともかく、釈迦牟尼はその食事がもとで激しい痛みとともに血の混じった下痢になったと伝承されています。

釈迦牟尼は、自分がこの食事がもとで死にいたることで、誰かがチュンダを責めて後悔の念を抱かせるかもしれないと心配しました。もしそのような事態が起こっても、彼が後悔しないように、「無上の覚りに到達するために食べた〔スジャーターの〕布施と、完全な涅槃にいたるために食べた〔チュンダの〕布施の二つは等しいものであり、他のどの食事よりも功徳のあるものであった」と言っていたことを伝えるように阿難に託します。また、このような病状にもかかわらず、それを堪え忍んで、阿難に次の町に行こうと告げます。そして最終的にクシナーラーの地で涅槃するのです。

クシナーラー

クシナーラーは現在クシナガルといい、ウッタル・プラデーシュ州の東端に位置します。釈迦牟尼はそこで二本の沙羅の木の間に頭を北に向けて床を用意するように阿難に頼みます。遊行中には竹などでできた簡易の寝台を携行していたと考えられますが、それを組み立てるためには、二本の木が必要となるのです。漢訳者はそれを「沙羅双樹《しゃらそうじゅ》」と訳しましたが、それがいつしか固有名詞となって、日本では同じく白い花をさかせる〝白椿〟を指すものとなりました。しかし実際の沙羅の木は寝台を固定できるような大木です。

さて、釈迦牟尼の涅槃が間近にせまったことを知って、阿難は床にもたれて号泣していました。そこで釈迦牟尼は次のように阿難に教えます。

やめよ、阿難。悲しむなかれ。嘆くなかれ。阿難よ、最愛で、いとおしいすべてのものたちは、別れ、離ればなれになり、別々になる存在であると、私は説いていたではないか。生まれ、存在し、形成され、壊れていくもの、それを「ああ、壊れるなかれ」ということがどうして得られようか。そのようなことはあり得ないのだ。

阿難よ、汝は長い間、慈愛あり、利益あり、幸あり、比較できない無量の身体と言葉と心の行いによって如来に仕えてくれた。阿難よ、汝は善い行いをなした。精進することに専修せよ。速やかに汚れのないものとなるだろう。

（パーリ長部　大般涅槃経　五・一四）

これが釈迦牟尼の阿難に説く最後の言葉になりました。また、臨終に際して集まった比丘たちには、「形成されたもの（諸行）は衰滅するものである。怠ることなく修めよ」と阿難に説いたことの要約が伝えられています。これが釈迦牟尼の生涯における最後の言葉となります。まさに「無常」というこの世の真実を、身をもって説き明かした涅槃でした。

以上が『大般涅槃経』に説かれる釈迦牟尼の生涯最後の姿です。この経典はつづいて遺体の火葬と遺骨の分配までのようすを伝え、最終的にそれらの遺骨が納められた場所を告げて終わります。したがって、この経典が伝える釈迦牟尼の最後の旅路は、信仰対象となる遺骨の説明として生前の面影を伝えたものに他なりません。

そして現在、多くの研究者がそれぞれに描く釈迦牟尼の史的人物像の根底には、この経典が伝える哀愁漂う人としてのブッダの面影が、無意識のうちにあるような気がします。私たちの心情の中にあるブッダの多くの部分をつくり上げたのは、この晩年の釈迦牟尼を伝える「歴史小説」ならぬ〝歴史経典〟だと言ってもよいでしょう。

第十二章　涅槃後のブッダ

救済者としての釈迦牟尼

救済者の誕生

もともと実践哲学のリーダーであった釈迦牟尼《しゃかむに》が人生を終え、涅槃《ねはん》したことによって、信仰の対象となる救済者〝ブッダ〟が生み出されます。一人の哲学者であり、恩師であった釈迦牟尼への追憶は涅槃後どんどん高められて、信仰の対象となるブッダをつくり上げていきました。「ブッダとは誰か」と問われれば、釈迦牟尼の涅槃の後に描かれた生前の面影こそが、その原点といえるでしょう。史的人物である釈迦牟尼の涅槃こそが、救済者としてのブッダを誕生させたのです。

釈迦牟尼の滅後、リーダーを失った弟子達は嘆き、途方に暮れました。しかし、直ぐさま大迦葉《だいかしょう》の呼びかけで五百人の阿羅漢《あらかん》が集められ、生前に釈迦牟尼によって語られた教団の規則や教えを確認する「結集《けつじゅう》」が開かれました。いわば先生は亡くなったけれども、生前の講義内容を確認しあって記憶していれば何とかなると考えたのです。仏弟子たちは情緒的にならず、釈迦牟尼の生前と同じような実践哲学のグループを維持しようと考えていたようです。

二大弟子と呼ばれた舎利弗《しゃりほつ》や目連《もくれん》もすでに入滅しており、大迦葉は釈迦牟尼に最も信頼された弟子でした。多くの弟子たちは、教えを確認し合うためには釈迦牟尼の侍者として行動をともにしていた阿難《あなん》が適任者だと考えていましたが、まだ阿羅漢の覚《さと》りを得ていないという理由で、厳格な大迦葉によって参加を拒否されます。大迦葉と阿難の不仲説が学問上でもささやかれるところです。結果的に阿難は大迦葉の弟子となって阿羅漢の覚りを得、結集に参加します。互いの上下関係を上手く示した伝承ですが、仮に会社組織にあてはめて考えると、大迦葉を会長職に持ち上げて、阿難が社長として会社を存続させたということになります。そして阿難は「亡き社長はこのように仰った」というように、自分を前面に出すことなく、釈迦牟尼の意思を継ぐ教団を維持したのです。このことは実践哲学のリーダーであった釈迦牟尼を救済者であるブッダに押し上げていくスタート地点となったと言ってもよいでしょう。阿難が次のリーダーとならなければ、仏教はなかったといえるかもしれません。

信頼された者と可愛がられた者

阿難は釈迦牟尼生前には阿羅漢の覚りに達しておらず、いわば一人前とは認められない弟子だったといえます。釈迦牟尼はそのような阿難が可愛かったのでしょう。それに対して大迦葉は釈迦牟尼に信頼されていた大弟子でした。それは一人前として認められていたからに他なりません。例えば大学でいうと、指導教授である師の在職中にすでに研究室をもち、ゼミを開講している教授のようなものです。そのような人は、師のプロジェクト研究などがあると信頼されて必ず呼び集められます。それはすでに独立して完成された学問をもち、師が自分と対等なものとして認めて信頼しているからです。そのような一人前として信頼を集める人材が師の後任となるのが普通ですが、その場合、師の学風が継がれるのではなく、当然その人独自のものが展開していきます。すなわちその場合は、縦に引き継がれるのではなく、横に展開していくのです。

それに対して、まだ一人前になる前に師を失った、ちょうど阿難のような人はどうでしょう。一人前にするために師に手取り足取り教えられ、可愛がられてきた人ですが、結局、師と対等になることはできなかったことになります。それゆえに師を失ったことを悲しみ、受けた恩に報いるために師を目指し、師そのものの学風を維持していくことに努めます。まさに縦に展開していくのです。

このような阿難が釈迦牟尼の後継者となったがゆえに、釈迦牟尼を慕い、釈迦牟尼の教えをブッダの教えとして展開する仏教がはじまっていったのです。もし大迦葉がリーダーとなっていれば、仏教は大迦葉のもとで再スタートし、別の展開をしていたことでしょう。もちろんそのような大迦葉をリーダーとするグループも存続はしたでしょうが、少欲知足な頭陀行《ずだぎょう》を信条とするかれらが主流になることは、なかったと考えられます。

過去のブッダ、未来のブッダ

さらに世代が交代していくと、阿難によって伝えられた釈迦牟尼の言行としての教えは、私たちが○○説と仮称しているような、例えば「四諦説《したいせつ》」や「縁起説《えんぎせつ》」のような理論的な教理として構築されていきました。そして、その教理がブッダである釈迦牟尼の覚りにもとづいて説かれた「ダルマ」（ものごとのあり方）ならば、それと同じことを覚って教えを示した他のブッダが、釈迦牟尼以外にも存在しなければならないと考えはじめたのです。そして、まず過去のブッダたちを想定し、それぞれのブッダも同じ教えで導いていたと伝えて、構築した教理の永遠性を示しはじめました。

この過去のブッダたちは具体化され、まずは釈迦牟尼の前に六人のブッダを加え、いわゆる「過去七仏」というものをつくり出しました。それにかかわった「大譬喩経」についてはすでに述べたとおりです（六三頁参照）。そして、そこで説かれた毘婆尸《びばし》仏伝をもとにして、釈迦牟尼伝が展開していったことも、本書の趣旨として理解できたと思います。この経典はブッダを人々にとって現実的で最も身近な教主、すなわち釈迦牟尼に帰一するために、過去のブッダたちという前例を示したものでした。しかしそれは当然、多仏思想を展開することにもなりました。「大譬喩経」が具体化した過去七仏は、後に「過去二十五仏」へと発展していきました。

また、釈迦牟尼の覚ったダルマは、未来永劫変わるものではありませんから、未来の世にそれを発見するブッダも現れることになります。それが未来仏マイトレーヤ、すなわち弥勒《みろく》仏です。そしてその後も、賢劫《けんごう》と呼ばれる私たちの住む宇宙の久遠の時間帯には、合わせて千人という未来のブッダ、賢劫千仏が出てくると考えました。

世界にブッダは一人

ところが、このブッダの複数化には時間軸上という制限がありました。何よりの依《よ》りどころである経典に「二人のブッダが一つの世界に同時に現れることはない」という原則が語られていたからです。

仏教のもつ宇宙観では、須弥山《しゅみせん》の周りに四つの大陸（四大洲）があり、それが私たちの住む地球だと考えています。それに太陽と月、星を加えたものが「一世界」ですから、今の感覚でいう太陽系にあたります。それが千個集まったものが「小千世界」、そしてそれが千個集まって「中千世界」をつくり、さらに千個集まって銀河系を意味する「三千大千世界」となります。この〝三千〟は〝千の三乗〟を意味しています。このような「三千大千世界」を一人のブッダが教化する世界だと考えていましたから、そこに複数のブッダが同時に現れることはありません。弥勒仏がこの世に現れるのは、五十六億七千万年（もとは五億七千六百万年）も先のことですから、この世界は釈迦牟尼が涅槃してから弥勒仏が現れるまでの間、ブッダのいない〝無仏時代〟に入ったことになります。

そのようなブッダがいない無仏時代に、いやむしろ無仏時代だからこそ、仏道に励む人たちはゴールの見えない長い道を歩みながら、それぞれが正しく目的に向かっていることの確証を得たいと願いました。このような人々の願いに答えるために、ブッダや仏弟子たちを主人公にした前世の事例（前例）を語る「アヴァダーナ文献」が数多くつくられます。そこにはウパニシャッド以来人々の心的傾向として内在する「シビル・レリジョン」（四五頁参照）と見事に融合をはたし終え、輪廻《りんね》や業のシステムの中で人々を導こうとする仏教の姿が見えます。人々は「アヴァダーナ文献」に語られる〝前例〟を模範として学び、未来の自分の姿を思い描いたのです。それは私たちが偉人伝に学んで、同じような人になりたいと思うのと同じです。この文献群は仏伝にも影響を与え、釈迦牟尼の生涯の物語も過去世からはじまるものとなっていきました。その意味では仏伝が、人々が求める未来の理想の姿を描いた究極の前例となる「偉人伝」として展開していたと考えることができます。アヴァダーナ文献の中には、在家の信者が釈迦牟尼とまったく同じ「未来世の釈迦牟尼」になりたいと願う物語まで見出せます。

そのようなアヴァダーナ文献が説く前例を模範として仏道を求めている人たちは、できることなら、「三明《さんみょう》」（一一六頁参照）をそなえ、過去世も未来世も見通し、すでにゴールを見極めているブッダに直接自分の未来の姿を予言（授記《じゅき》）してもらい、自分が正しく目的に向かっているより確かな証を得たいと考えはじめました。ちょうど未来の可能性を見据えたコーチがスポーツ選手を導くように、ブッダによって予言され、そこに導かれる自分の未来の姿を確信することを願ったのです。それは思い煩うことなく、安心してこの生涯を終えることでもありました（二三三頁参照）。まさに人々がブッダに求めたものは、輪廻転生していく自分の未来の姿を予言し、安堵させてくれる救済者としての存在でした。

もちろん、ブッダから授記を受けるためにはブッダに会わなければならないという、無仏の時代には果たせない難題が持ち上がります。最近の研究では、無仏時代に生身のブッダに代わるものとして、さまざまなものを考えていたことがわかっています。ブッダの遺骨（仏舎利《ぶっしゃり》）を埋葬した〝仏塔〟や経巻を安置した〝塔〟、あるいは〝仏足石〟など、さまざまなものがブッダに代わって授記を与えると考えられたようです。その中でも釈迦牟尼の遺骨を埋葬した仏塔は主流となって、舎利信仰にもとづいた釈迦牟尼の救済性を発展させていきました。

十方諸仏

このようにブッダの代わりとなるものが求められていた一方で、たとえ無仏時代であっても実際のブッダに出会い、教え導いてもらうことを望んだ人々もいました。彼らはブッダの覚りである「法」が〝ものごとのあり方〟として永遠で普遍性のあるものならば、それは時間軸上だけではなく空間的な広がりの中でも普遍であり、誰かに理解されているはずだと気づきました。

そこでこの人たちは、「三千大千世界」の外側に広がる無数の世界、「十方一切世界」に思いを馳せました。そのような世界を想定すると、先の「二人のブッダが一つの世界（＝三千大千世界）に同時に現れることはない」という原則を変えることなく、別の「三千大千世界」が無数に集まった「十方一切世界」、すなわち宇宙全体には計り知れない数のブッダが同時にいてもかまわないことになります。こうして〝現在十方諸仏《じっぽうしょぶつ》〟、すなわち宇宙に広がる無数のブッダたちの存在が主張されるようになりました。今、私たちの住むこの世界にブッダがいなくても、この宇宙の東西南北・四維《しい》・上下の十方世界にはそれぞれブッダがいて、現在も説法しているに違いないと確信したのです。そうして、『阿弥陀《あみだ》経』などの大乗経典に説かれている「今現在説法《こんげんざいせっぽう》」のブッダ、すなわち、〝今まさに存在して説法しているブッダ〟を見出していきました。チベットの曼荼羅《まんだら》もまた、まさにその宇宙に広がるブッダの世界を表したものです。

その中で東方妙喜《みょうき》世界の阿閦《あしゅく》仏、東方浄瑠璃《じょうるり》世界の薬師《やくし》仏、西方極楽世界の阿弥陀仏などが有名です。釈迦牟尼が私たちの世界で説いてくれた教えを、彼亡き後、この世界にブッダがいない時代でも、別の銀河系に存在して説法しているブッダたちです。そのようなブッダたちの存在が確信されるとともに、瞑想の中で十方一切世界を行き来し、その中でそのブッダたちに出会うような修行や、あるいは来世にそのようなブッダの国（仏国土）に生まれて教えを聞くという信仰が誕生していきました。このような信仰の対象となった有名なブッダたちもまた、「ブッダ」という言葉が特定の人物を表さないからこそ、宇宙の広がりの中に見出されたのです。

星の数のブッダ

以前、私を研究者として育ててくださった恩師から、ブッダに思いを馳せた当時の人たちは夜空を見上げて満天の星をのぞみ、この星の数だけブッダがいると確信したのだと教えられたことがありました。私は長い間、その先生はロマンチストだと思っていたのですが、実はそのことは阿弥陀仏の存在を最も早くに伝えた『般舟三昧経《はんじゅざんまいきょう》』という経典に明記されていました。そこで最後にその箇所を引用して、ブッダとは誰なのか、ブッダを慕う人々が歴史の中で培ったロマンを味わっていただければと思います。

バドラパーラよ、例えば、眼のよい人が夜半に星宿を観察すると、数多くの星を見る。バドラパーラよ、ちょうどそのように、覚りを求める人はブッダが威神力によって三昧の中に立つことを経験する。東に向かって、若しくは十萬のブッダを、若しくは百萬のブッダを、若しくは千萬のブッダを、若しくは千億のブッダを見る。同じように十方に等しく、ことごとくブッダたちを見る。

（般舟三昧経巻上　四事品第二）

あとがき

ブッダをテーマにした講座で教壇に立つようになって、二十数年がたった。その間、一般教養課程から、生涯教育、大学院まで、さまざまなクラスを担当させていただいたが、自分の問題意識と直結しているテーマだけに、そのつど新しい発見があり、それを楽しんできた。仏教文献の理解もまた、固定化したものでなく、受け手の機根に応じた答えを与えてくれる追体験の中にある。それゆえ、私にとって「ブッダとは誰か」という問いは終わるものでなく、口頭で臨機応変に対応できる講座で伝えることはできても、著述として固定化することには、まだまだためらいがあった。

そのような私を後押ししてくれたのは、知恩院が発行する月刊誌『知恩』の編集部であった。佛教大学が生涯教育を行っている四条センターでの講座「ブッダの生涯と思想」が半年ほど進んだときのことと記憶する。おなじ内容で二年間の連載を書かないかと勧められたのである。仏教文献学の研究者が書く連載が、はたして宗門の信仰を説く雑誌にふさわしいのかという疑問もあったが、結局、インド仏教の正しい理解を伝えたいという当時の編集部、井上茂樹氏の熱意に報いることとなった。氏は、特定の人に研究成果を伝える学術論文にしか慣れていない私の原稿を、注記もなしに初学でも理解できるわかりやすいものにするために、さまざまに協力してくれた。その原稿をもとに加筆し、本書出版の運びとなったことを思うと、井上氏とめぐり会わなければ、本書は存在しなかったといえる。

前世の業によるのか、私は京都のある寺の跡取りとして生を受けた。子供の頃、特に雨の降る日には、本堂が私の遊び場であった。そこでは古びた金色のブッダが灯明に照らしだされ、その姿に畏敬や慈悲の念を子供ごころに感じたのを憶えている。人々が手を合わせて祈るこの人は誰だろうという疑問が、無意識にすり込まれたような気がする。

大学で仏教学を始めることになったとき、私の興味はやはりブッダその人にあり、結局、ブッダ観の変遷が研究テーマとなった。今思えば、子供の頃すり込まれた疑問がわき上がったのかもしれない。石上善應師、梶山雄一師、雲井昭善師の三先生は、そのような私の研究を見守ってくださった恩師である。本書がその恩に報いていればと願っている。

本書の出版に際しては、『知恩』連載の頃から逐次冷静な論評をくれた五島清隆氏、石田智宏氏が、本書最終稿にも目を通してくれた。ドイツ、ゲッティンゲンの科学アカデミーで仏教サンスクリット語の辞書を編纂している親友、鄭鎮一氏は私の原典解釈をめぐって何度も精査してくれた。また、青木清行、伊藤匡誠、木下聖三、川上桂、平原崇雄の諸氏には校正作業の助力を得た。さらに、常勤職を持たない私を、常に仲間として研究できる環境に置いてくれた佛教大学を中心とした友人たちなしに、本書は完成していない。この場を借りてすべての方に感謝の意を表したい。

なお、カバーのイラストは愚息、隆有が幼小の頃にメモ用紙に走り書いたブッダの絵をデジタル処理したものである。私が子供の頃に感じたブッダの畏敬や慈悲の念を思い起こさせてくれる。親ばかなこととはいえ、研究を支えてくれた家族への感謝の気持ちとして、お許しいただきたい。

最後に、本書を出版にまで導いていただいた井上茂樹氏、そして出版を快く引き受けてくださった春秋社の神田明社長、編集部佐藤清靖氏、並びに篠田里香さんの刊行にいたるまでの多大な尽力に、心から感謝する次第である。

平成二十四年十二月　紫竹招善寺　庵にて

吹田隆道

参考文献

全体

中村元『ゴータマ・ブッダ　Ⅰ、Ⅱ』、中村元選集〔決定版〕第一一、第一二巻、春秋社、一九九二年。

中村元編著『新編ブッダの世界』、学習研究社、二〇〇〇年。

前田專學『ブッダ　その生涯と思想』、春秋社、二〇一二年。

森章司、本澤綱夫、岩井昌悟編『原始仏教聖典資料による釈尊伝の研究【3】資料集編Ⅱ』、「中央学術研究紀要」モノグラフ篇No.3、中央学術研究所、二〇〇〇年。

序説

水野弘元「パーリ語及びパーリ仏教の研究の歴史」『パーリ語文法』付録（Ⅰ）、山喜房佛書林、一九五五年。

湯山明「仏教文献学の方法試論」、水野弘元博士米寿記念論集『パーリ文化学の世界』、春秋社、一九九〇年。

ピエール＝シルヴァン・フィリオザ『サンスクリット』〔竹内信夫訳〕、白水社（文庫クセジュ）、二〇〇六年。

第一章

雲井昭善『仏教興起時代の思想研究』、平楽寺書店、一九六七年。

辻直四郎『インド文明の曙　ヴェーダとウパニシャッド』、岩波書店（岩波新書）、一九六七年。

中村元『インド史 Ⅱ』、中村元選集〔決定版〕第六巻、春秋社、一九九七年。

ヘルマン・オルデンベルグ『仏陀　その生涯、教理、教団』〔木村泰賢　景山哲雄訳〕、書肆心水、二〇一一年。

ドゥ・ヨング『仏教研究の歴史』〔平川彰訳〕、春秋社、一九七五年。

É. Senart, *Essai sur la Légende du Buddha, son Caractère et ses Origines*, Seconde Édition, Paris 1882.

第二章

石上善應「仏伝に現れた「七歩」の意味」、『佛教文化研究』第一五号、一九六九年、二一～三六頁。

梶山雄一「仏陀観の発展」、梶山雄一著作集　第三巻『神変と仏陀観・宇宙論』第九章、春秋社、二〇一二年、一七七～二三五頁。

全日本仏教会ルンビニー委員会『ルンビニー　マヤ堂の考古学的調査1992～1995』、全日本仏教会、二〇〇五年。

中村瑞隆『釈迦の故城を探る　推定カピラ城跡の発掘』、雄山閣出版、二〇〇〇年。

拙稿「『大本経』に見る仏陀の共通化と法レベル化」、前田專學編　渡邊文麿博士追悼論集『原始仏教と大乗仏教』上、永田文昌堂、一九九三年、二七一～二八三頁。

拙稿「『マハー・アヴァダーナ経』から見るアヴァダーナ再考」、福原隆善先生古稀記念論集『佛法僧論集』、山喜房佛書林、二〇一三年、第一巻、九五～一〇七頁。

M・エリアーデ『シャーマニズム　古代的エクスタシー技術』〔堀一郎訳〕、冬樹社、一九七四年。

É. Senart, 前掲書。

K. M. Srivastava, *Excavations at Piprahwa and Ganwaria*, Goverment of India, New Delhi 1996.
E. Windisch, *Buddha's Geburt und die Lehre von der Seelenwanderung*, Leipzig 1908.

第三章・第四章

並川孝儀『ゴータマ・ブッダ考』、大蔵出版、二〇〇五年。

第五章

中村元『原始仏教の思想　Ⅰ、Ⅱ』、中村元選集〔決定版〕第一五、第一六巻、春秋社、一九九三、一九九四年。

長嶺信夫「ブッダガヤの菩提樹で新たにわかったこと～古文書に見る「聖なる菩提樹」の歴史（補遺）～」、『沖縄県医師会報』、二〇〇八年、一二月号。

並川孝儀『構築された仏教思想　ゴータマ・ブッダ　縁起という「苦の生滅システム」の源泉』、佼成出版社、二〇一〇年。

拙稿「降魔成道と降魔　婆沙論が説く「降魔成道」の口伝をめぐって」、石上善應教授古稀記念論文集『仏教文化の基調と展開』第一巻、山喜房佛書林、二〇〇一年、二〇三～二一六頁。

Alexander Cunningham, *MahaBodhi or the Great buddhist Temple under the Bodhi Tree at Buddha-gaya*, London 1892.

第六章・第七章

榎本文雄「「四聖諦」の原意とインド仏教における「聖」」、『印度哲学仏教学』二四号、北海道印度哲学仏教学会、二〇〇九年、一～一九頁。

加藤純章「A・バロー教授の『仏伝研究』について」、『印度学仏教学研究』二一巻一号、日本印度学仏教学会、一九七二年、三九七～四〇六頁。

雲井昭善『仏教興起時代の思想研究』、前掲書。

中村元『原始仏教の思想　I、II』、前掲書。

拙稿「『象跡喩大経』に見る自然環境」、『仏教と自然』〔佛教大学総合研究所紀要別冊〕、二〇〇五年、七一～八一頁。

ジル・ボルト・テイラー『奇跡の脳』〔竹内薫訳〕、新潮社、二〇〇九年〔新潮文庫、二〇一二年〕。

André Bareau, *Recherches sur la Biographie du Buddha dans les Sūtrapiṭaka et les Vinayapiṭaka Anciens: De la Quête de l'Éveil a la Conversion de Śāriputra et de Maudgalyāyana*, E. F. E. O., Paris 1963.

第八章・第九章・第十章

加藤純章、前掲論文。

関西大学日印共同学術調査団編『祇園精舎――サヘート遺跡発掘調査報告書――』、関西大学出版部、一九九七年。

桜部建「弥勒と阿逸多」、『仏教学セミナー』第二号、大谷大学仏教学会、一九六五年、三四～四四頁。

長崎法潤「犀角経と辟支仏」、『仏教学セミナー』第五五号、大谷大学仏教学会、一九九二年、一～一四頁。

中村元『仏弟子の生涯』、中村元選集〔決定版〕第一三巻、春秋社、一九九一年。

同「若き人 āyuṣmat」、『印度学仏教学研究』三二巻一号、日本印度学仏教学会、一九八三年、六二～

六六頁。

山辺習学『仏弟子伝』、法蔵館、一九八四年。

ジョナサン・シルク「なぜ迦葉は大乗経典の主要登場人物になったのか」〔平岡聡訳〕、桜建博士喜寿記念論集『初期仏教からアビダルマへ』、平楽寺書店、二〇〇二年、一五五～一七〇頁。

André Bareau, 前掲書。

第十一章

雲井昭善「『大般涅槃経』諸異本よりする覚え書」、坪井俊映博士頌寿記念『仏教文化論攷』〔坪井俊映博士頌寿記念会編〕、佛教大学、五六七～六〇六頁。

拙稿「それゆえ今、アーナンダよ――『自帰依・法帰依』の説法再考」、香川孝雄博士古稀記念論集『仏教学浄土学研究』、永田文昌堂、二〇〇一年、一五七～一六六頁。

第十二章

梶山雄一　前掲「仏陀観の発展」。

同「インドにおける阿弥陀仏信仰の諸前提」〔平岡聡訳〕、塚本啓祥教授還暦記念論文集『知の邂逅――仏教と科学』、佼成出版社、一九九三年、二四五～二五七頁。

同「般舟三昧経――阿弥陀仏信仰と空の思想」、末木文美士・梶山雄一著　浄土仏教の思想　第二巻『観無量寿経　般舟三昧経』、講談社、一九九二年、一九七～三四八頁。

並川孝儀『ゴータマ・ブッダ考』、大蔵出版、二〇〇五年。

拙稿　前掲「『大本経』に見る仏陀の共通化と法レベル化」。

拙稿「二人のシャーキャムニ仏」、佐藤良純教授古稀記念論文集『インド文化と仏教思想の基調と展開』第一巻、山喜房佛書林、二〇〇三年、一〇七～一一八頁。

拙稿　前掲「『マハー・アヴァダーナ経』から見るアヴァダーナ再考」。

著者紹介

吹田隆道（ふきた・たかみち）
1955年京都府生まれ。大正大学文学研究科修士課程（梵文学専攻）修了。佛教大学大学院文学研究科博士課程（仏教学専攻）満期退学。専門分野は梵文阿含経典の批判的研究。現在、浄土宗招善寺住職。佛教大学大学院非常勤講師。同志社大学神学部嘱託講師。
編著書に、*The Mahāvadānasūtra, A New Edition Based on Manuscripts Discovered in Northern Turkestan,* Göttingen 2003; *A Survey of the Sanskrit Fragments Corresponding to the Chinese Madhyamāgama*, The Sankibo press（山喜房佛書林）, Tokyo 2011（共著）、『梶山雄一著作集』春秋社（編集）など。

ブッダとは誰か

2013年２月15日　初版第１刷発行
2023年２月20日　　　第４刷発行

著者©＝吹田隆道
発行者＝神田　明
発行所＝株式会社 春秋社
〒101－0021　東京都千代田区外神田2－18－6
電話　(03) 3255－9611（営業）
(03) 3255－9614（編集）
振替　00180－6－24861
https://www.shunjusha.co.jp/
印刷所＝信毎書籍印刷 株式会社
製本所＝ナショナル製本 協同組合
装　丁＝美柑和俊
装　画＝吹田隆有

ISBN 978－4－393－13568－6 C0015　　Printed in Japan
定価はカバー等に表示してあります

羽矢辰夫
ゴータマ・ブッダ

ブッダの生涯とその思想の核心を、瑞々しい感性と着実な学的研究の裏付けをもって清冽に描き、ブッダその人の遍歴にいま人が生きることの意味を問う。　２０９０円

立川武蔵
三人のブッダ

釈迦・阿弥陀仏・大日如来、これら性質の異なる三人の仏がどうして大乗仏教という一つの枠組みの中に生まれたのか。インドの歴史的背景と空思想の考察から、統一理論を試みた刮目の意欲作。　２７５０円

正木　晃
「ほとけ」論
仏の変容から読み解く仏教

仏教の根幹ともいえる「仏」の概念の展開を、その前提となるバラモン教から始め、釈迦、部派仏教、大乗仏教、密教、日本仏教までを網羅した「仏」から読み解く仏教史。　３８５０円

ティク・ナット・ハン／池田久代訳
小説　ブッダ
いにしえの道、白い雲

ブッダの生涯が、楽しく読めて、教えや思想もよくわかる物語になった！　若き日の苦悩から修行の過程、悟りの瞬間、晩年の悲劇や涅槃までドラマチックに描く。　２７５０円

中村　元
ブッダ入門

神話と伝説に彩られた超人的ブッダを排し、われわれと同じ一人の人間として、その真実の姿を描く。ブッダの世界史的・文明史的意義を解明する画期的な「ブッダの生涯」。　１６５０円

▼価格は税込（10％）